AF402898

Energiprojektion

Energiprojektion

Emma Lindelius

Energiprojektion – teori och praktik

En analys av energiaspekten i mänsklig kommunikation

FSC
www.fsc.org
MIX
Papper från
ansvarsfulla källor
Paper from
responsible sources
FSC® C105338

© *Emma Lindelius 2018*
Uppdaterad version 2023

Förlag: BoD – Books on Demand, Stockholm, Sverige
Tryck: BoD – Books on Demand, Norderstedt, Tyskland

ISBN: 978-91-7699-746-8

Innehållsförteckning

Inledning

Mitt intresse för begreppet energi i mänsklig kommunikation har växt fram under många år, och tagit många omvägar. Men jag har alltid varit fascinerad över mänsklig psykologi, vår förmåga att påverka och bli påverkade, och de komplicerade sätt vi använder för att kommunicera. Initialt var jag helt inställd på att alla svar fanns inom den etablerade psykologin, och läste beteendevetenskap på Stockholms universitet, men lämnade studierna med fler frågor än svar.

Många av dessa frågor levde jag med under många år, frågor som bottnade i en minst sagt tumultartad barndom. Med en mamma som hade en enorm förmåga att påverka alla hon mötte, frågade jag mig hur hon gjorde och varför vi blev så påverkade. Efter hennes död blev processen mer angelägen och frågeställningarna mer detaljerade. Vad innebär till exempel ord som utstrålning, charm och karisma egentligen? Varför tycks vi uppleva att vissa har mer av denna märkliga utstrålning än andra? Hur påverkar det oss att möta personer med en stark utstrålning, på gott och ont? Och vad är det som gör att vi ibland kan uppleva att intensiva känslor kan fylla ett rum så totalt att man nästan kan "ta på det"?

Det som alla dessa, och många fler frågor tycktes ha gemensamt är det till synes enkla ordet *energi*. Ett ord vi ofta använder i dagligt tal när vi pratar om våra psykologiska upplevelser, men aldrig riktigt tycks definiera. Uttryck som att någon är "full av energi", eller att någon känner att de "tappat all energi", är relativt vanliga. Ibland pratar vi om människor vi upplever ha positiv energi, medan andra ger oss dåliga "vibbar" av negativ energi. Man kan även höra begrepp som "energitjuvar". Men vad betyder egentligen begreppet energi i detta sammanhang?

Om man söker på ordet *energi* på Google får man närmare en miljard träffar. Det är alltifrån elproducenter, radiokanaler, så kallade sportdrycker och otaliga företag som valt att ha ordet i sitt namn, eftersom vi associerar det till något positivt. Energi innebär ofta makt, både över sitt eget liv och andras. Därför är energi hårdvaluta idag, både i våra kroppar och på börsen, och det finns en hel industri som försöker tillgodose våra upplevda behov av mer fysisk och mental energi.

I fysiken beskriver man energi som en abstrakt enhet som kan åstadkomma rörelse eller utföra arbete. Man mäter energi i bland annat watt, joule och kalorier, och det kan komma från solen, vinden, kärnkraften, och från maten vi äter. Men hur kan kärnkraften ha något gemensamt med våra känslor och upplevelser av varandra?

Begreppet energi är, trots sin till synes enkla fysiska definition, oerhört komplicerat. Ordet energi är ungefär som ordet färg; en övergripande benämning på något som kan ha många olika nyanser. Därför är det så viktigt att definiera exakt vad det är för typ av energi man pratar om, särskilt när man vill ta begreppet bortom den rena fysiken, annars kan diskussionen lätt bli flummig och i praktiken meningslös.

Mitt syfte med denna bok är att hitta ett sätt att definiera vad det är för typ av energi vi menar när vi pratar om energi som är relevant för våra mänskliga interaktioner, och förklara detta på ett så begripligt sätt som möjligt. Jag har gjort ett antal antaganden som ligger till grund för mina resonemang kring det jag kallar energiprojektion, och har sedan använt dessa antaganden för att skapa en del definitioner och beskrivningar av några av de fenomen som jag upplever är centrala för ämnet. Men för att förtydliga så har jag inte bedrivit officiell forskning i ämnet, utan denna bok bygger helt på egna fallstudier och analyser.

Boken är uppdelad i tre, ganska olika delar. Den första delen är i huvudsak självbiografisk, där jag berättar om min egen personliga resa in i detta fascinerande ämne, med utgångspunkt från de skådespelare som inspirerat mig längs vägen. Skådespelaryrket har för mig blivit ett sätt att kunna studera och analysera energiprojektion i detalj, eftersom energi är en så viktig del av det en skådespelare gör. Men jag kommer även ta upp exempel på andra yrken och situationer där jag upplever att energi har betydelse.

Den andra delen är mer vetenskapligt inspirerad, där jag först går igenom de energibärande partiklarna inom molekylärbiologin och kvantfysiken som jag anser är relevanta för ämnet. Eftersom jag tycker att det är viktigt att man åtminstone har ett hum om dessa fenomen för att förstå resten av mitt resonemang, har jag valt att gå in ganska detaljerat på dessa områden. Men jag har också försökt göra dessa kapitel så lättlästa och begripliga som möjligt, och därför tagit mig en del kreativa friheter. Sedan går jag igenom de antaganden jag har gjort, de som ligger till grund för min definition av energi i mänsklig kommunikation.

Sista delen ägnar jag åt en detaljerad analys av de konkreta energiprojektioner jag förnimmer. Men det finns säkert betydligt fler projektioner än de jag listat, och jag hoppas kunna fortsätta lära mig under många år framöver. Förhoppningsvis kommer även läsarna få nya perspektiv och insikter, som kan vidga diskussionerna kring hur människor kommunicerar med varandra och hur vi påverkar de i vår omgivning, på gott och ont.

Del 1
En kort självbiografi

Kapitel 1
Russell Crowe

Det är april 2001 och jag är 25 år. Jag har precis flyttat in i min första, egna lägenhet och har bjudit hem min bästa vän Anna på middag och en film. Filmen vi skulle se den kvällen heter *Gladiator*, med den australiensiska skådespelaren Russell Crowe. Några månader tidigare hade både han och filmen vunnit Oscars för "Bästa film" och "Bästa manliga huvudroll". Jag hade dock aldrig hört talas om Crowe tidigare, och hade en del reservationer kring en film om en romersk general "som blev en slav och sedan en gladiator". Men vi satte oss ner, tryckte på play, och innan filmen var slut hade mitt liv förändrats för alltid.

Det har aldrig fallit sig naturligt för mig att förstå människor, eller mänskliga relationer. Som liten var jag det där barnet som stod utanför och tittade på. Inte mobbad direkt, men heller aldrig riktigt delaktig, mycket för att jag inte förstod mig på de sociala spelreglerna. Det är väl därför jag ägnat så mycket tid i vuxen ålder åt att just försöka förstå mänskliga beteenden, inklusive mina egna. Men jag har aldrig upplevt det som något negativt, snarare känns det som ett äventyr, en spännande resa in i det som gör oss till människor.

Jag upptäckte tidigt att jag kunde ta hjälp av det visuella mediet i mina upptäcktsfärder in i det mänskliga psyket. Och jag började redan i tonåren aktivt använda filmer och tv-serier för att hitta vägar in i mig själv, och in i det allmänmänskliga. Ibland har jag haft tur att hitta något riktigt speciellt, något som passar in i de funderingar och behov jag har för stunden, och då öppnar sig fantastiska möjligheter till ny kunskap och insikt, både om mig själv och om världen utanför. Det var detta som hände den där kvällen när filmen *Gladiator* och skådepelaren Russell Crowe gjorde entré i mitt liv, även om det denna gång skulle leda till något mycket större än jag kunde ana.

Några år tidigare hade min hjärna fokuserat på en annan hjälte, den gången från en tv-serie från 80-talet som heter *MacGyver*, som även den förändrade mig och min syn på världen i grunden. Titelrollen spelas av Richard Dean Anderson, och under ett par år gjorde jag allt jag kunde för att försöka ta till mig så mycket som möjligt om både skådespelaren och karaktären. Det var karaktären som hade fångat mitt intresse, men jag insåg snart att jag aldrig kunde förstå den utan att också förstå skådespelaren. Karaktären är en fiktiv konstruktion baserad på många människors tankar och funderingar, men det var skådespelaren som blåste liv i karaktären, och gav honom det som gjort serien till kult, nämligen själ och hjärta.

När processen *MacGyver* började hade jag precis avslutat tre års universitetsstudier och skaffat mig en fil.kand. inom beteendevetenskap på Stockholms Universitet. Jag hade fått studera de ämnen jag var mest intresserad av, nämligen psykologi och sociologi, men upplevde att jag

14

lämnade universitetet både intellektuellt otillfredsställd och mer förvirrad än när jag började. Och när jag väl blev klar med min examen insåg jag att jag inte hade en aning om vad jag ville göra med resten av livet.

Det fanns så oerhört många valmöjligheter men samtidigt också många hinder på vägen. Jag upplevde min nya verklighet som både frustrerande och skrämmande, och behövde ett sätt att hantera alla nya utmaningar som det medförde. Min hjärna valde då att fokusera på denna tv-serie, med hjälten som löser alla problem och alltid hittar vägar ut ur alla situationer, oavsett hur omöjliga de först verkar. Denna hjälte vars själ verkade så helhjärtat god, och vars skådespelare hade hittat ett sätt att förmedla denna godhet utan att verka löjeväckande eller forcerad, blev något som gav mig ett inre lugn jag inte upplevt tidigare.

Till en början blev jag lite orolig, eftersom jag trodde att denna fixering kunde vara skadlig. Men till slut insåg jag att jag hade hittat ett sätt att kommunicera med mitt omedvetna, hittat vägar in i de svårdefinierade känslor som jag upplevde. All den tid jag lade ner på research kring karaktären och skådespelaren, och det globala fenomenet som serien resulterade i, gav mig möjlighet att fördjupa mitt intresse i människor och mänskligt beteende på ett, för mig då, oväntat sätt.

MacGyver blev också början på en lång fascination av skådespelaryrket, och det sätt som skådespelare använder, förädlar och fokuserar mänskligt beteende. Jag har aldrig haft några drömmar eller ambitioner att själv bli skådespelare. Jag föredrar att iaktta, snarare än bli iakttagen. Men jag upplever att skådespelare kan vara ett väldigt praktiskt "mikroskop", som tillåter mig att studera människors inre natur. Om man skulle iaktta en vanlig person, t.ex. i sitt hem, bråkandes med sin respektive, skulle med största säkerhet deras beteende förändras om de visste att de var iakttagna. Men duktiga skådespelare jobbar intensivt med att skapa just naturliga beteenden även under observation, vilket gör dem, åtminstone för mig, intressanta som studieobjekt.

När processen Crowe drar igång några år senare, har jag precis flyttat hemifrån och hunnit arbeta några år som konsult inom kundservice på ett bemanningsföretag. Men jag kände mig fast i en tillvaro jag inte längre upplevde att jag kunde utvecklas i, och började omedvetet se mig om efter lösningar. När jag råkade välja att titta på just *Gladiator* den kvällen, tyckte tydligen mitt omedvetna att den passade perfekt in i mitt pågående inre arbete, och påbörjade genast den nya processen. Den här gången insåg jag direkt att det var just en "process", och att det troligen skulle bli en lärorik sådan, och tog mig ivrigt an researcharbetet.

Jag började med att se om filmen så många gånger jag kunde, tills min hjärna sa stopp. Vid det laget kunde jag alla repliker och hade memorerat Crowes minsta rörelse, och fokuserade särskilt på tonfall och nyanser i kroppsspråket. Sedan började jag metodiskt se samtliga filmer han hade gjort, och analyserade dem så gott jag kunde. Jag grävde också fram alla artiklar och intervjuer jag kunde hitta. Under detta arbete utkristalliserade sig vissa filmer och artiklar som mer intressanta än andra. En av de artiklar som hamnade högst på listan var en artikel i magasinet *GQ* från mars 1999. I den artikeln beskriver författaren hur han upplevde Crowe som "alfa", och fortsätter med att beskriva sitt besök på Crowes ranch i Australien, med följande observation: *"At stressful times he becomes snappish and controlling, and*

16

you can feel the electrons in the room speeding up, adding an at-mospheric edginess." (Deitch Rohrer, Trish. 1999. *GQ*, nr 3)[i].

Det här var första gången jag på allvar började fundera över begreppet "alfa". Ursprungligen kommer ordet från den första bokstaven i det grekiska alfabetet. Genom åren har ordets innebörd utvecklats till att betyda en individ som är högst rankade i den sociala hierarkin, eller mest dominant i en grupp. Det kan också beskriva en individ med starka ledarskapsförmågor. Men jag började undra vad allt det egentligen betydde.

Jag hade vid det här laget sett många chefer komma och gå under mina trettital uppdrag på bemanningsföretaget. Chefer är per definition högst socialt rankade, och bör rent logiskt uppvisa ledaregenskaper och vara dominanta. Men när jag började fundera på saken var det inte många som jag tyckte detta stämde in på. Att Russell Crowe skulle vara högst rankad i alla sammanhang han befann sig i, var inte svårt att föreställa sig. Att tro att han var dominant som person var heller inte så svårt. När han står där i sin gladiatorsutrustning i det fiktiva Colosseum, kan man knappast undgå att uppleva hans dominans över både vänner och fiender. När han leder sina trupper ut i fältslaget accepterar man utan problem att även om det hade varit verklighet skulle soldaterna ha följt honom utan tvekan.

Men denna upplevelse hade jag inte fått av särskilt många av de chefer jag träffat på, snarare tvärtom. En del var närmast passiva, medan andra verkade vara tvungna att anstränga sig väldigt i sina försöka att vara just dominant och mäktig, något som Crowe tycktes göra utan ansträngning. Vad gjorde honom annorlunda än de många chefer jag iakttagit? Var det kanske så att begreppet alfa egentligen inte hade så mycket med chefskap eller social hierarki att göra? Att det handlade om något annat; en upplevelse utöver själva förmågan att leda? Kanske till och med en egenskap man faktiskt måste födas med?

Jag började noggrant gå igenom hans tidigare filmer igen och insåg att hans alfa-egenskaper inte alltid innebar aggressiva karaktärer, eller karaktärer med makt. Snarare var den typen av roller ett undantag på hans redan då gedigna meritlista. I filmer som t.ex. *The sum of us*, ett familjedrama där Crowe spelar en homosexuell man på jakt efter kärlek, finns inte tillstymmelse till våld eller aggression. Det är snarare en ömsint och kärleksfull inblick i en ung mans känslor. Men jag upplevde fortfarande att alfa-egenskaperna fanns där i oförminskad styrka.

Det finns förstås även filmer med våldsfokus på Crowes resumé. Den mest våldsamma, och kanske också mest intressanta, *Romper Stomper* där Crowe, med brinnande intensitet, gestaltar en ledare för ett litet gäng nynazister i Melbourne. Filmen är en av hans första, året är 1992, och här finns alla de traditionella alfa-egenskaperna i kubik; mer dominant går det inte att bli, och som tittare accepterar man utan problem premissen att den lilla gruppen missanpassade ungdomar skulle följa sin ledare in i döden.

När jag såg filmen för första gången noterade jag att han formligen utstrålade alfa, eller åtminstone det jag instinktivt började definiera som alfa. I intervjuer som gjordes kring filmpremiären (och som bl.a. finns på DVD-utgåvan) pratar han om "gänget" som om det var hans gäng även i verkligheten, och att han gick in i rollen som ledaren så intensivt att han även utanför filminspelningen tog på sig rollen som den dominanta alfaledaren. Han beskriver hur de (skådespelarna) gick på gym för att stärka banden i gruppen genom att fysiskt testa varandra, helt i enlighet med den allmänna idén om hur en manlig alfaledare ska bete sig.

Men vad betyder det att vara alfa egentligen? Vad skapar den upplevelsen och hur uppstår det? Och vad menade författaren till artikeln jag nämnde tidigare, med att "elektroner ökar takten" och skapar en "nervös atmosfär"? Jag insåg till min förvåning, när jag såg om filmen *Romper Stomper*, för säkert tionde gången, att jag kände exakt vad hon menade, men rent intellektuellt kunde jag inte förstå vad det var jag kände. Detta blev grogrunden för många, långa års funderingar.

Jag fortsatte mina studier av Crowe och alfa-fenomenet (plus en del annat), medan mitt eget liv förändrades drastiskt. Jag hade äntligen fått mitt drömjobb som personalhandläggare inom Stockholms kommun. Jobbet var allt det jag trodde jag ville ha, men snart började en obehaglig insikt landa inom mig. Kanske var det inte alls det här livet jag ville leva. Jag började fundera över mina egna val och hur en alfa som Crowe skulle ställa sig till dem. Hur passionerat var jag beredd att kämpa för att nå mina mål, och vad var dessa mål?

Trots många fantastiska filmer i hans karriär innan *Gladiator* fastnade jag för en ganska okänd liten film, *Hammers over the anvil*, från 1993, som jag såg om och om igen. Det är egentligen en liten bagatell i filmsammanhang, och rönte inga större framgångar. Filmen utspelar sig på den australiensiska landsbygden, någon gång runt sekelskiftet och berättelsens huvudperson är en ung handikappad pojke, som betraktar sin omvärld och alla stora, starka män i sin omgivning. Crowe spelar en ganska asocial hästtränare som lever för sina hästar.

Men det som drog mig till just den här filmen var kontrasten mellan det jag nu definierat som den arketypiska alfa-hanen och hans kvinnliga motspelerska. Crowes karaktär blir djupt förälskad i en gift kvinna, och historien kretsar kring deras trevande försök att hitta ett sätt att leva tillsammans. Rollen som kvinnan spelas av den alltid utmärkta Charlotte Rampling. Hon är tjugo år äldre än Crowe, och jag funderade länge på om det var därför denna fascinerande dynamik uppstod. För genom alla andra filmer jag sett honom agera i, upplevde jag alltid att den kvinnliga huvudrollen kom i skymundan.

Men i Ramplings skådespelarstrategi tyckte jag mig se något nytt; ett flöde som påminde om en stark flod som obönhörligen tog sig fram mot sitt mål, orädd och utan tvekan. Hon har sin karaktär, sitt mål, och Crowe fick jobba för att hålla jämna steg med henne. Det tycktes han inte ha något emot, snarare verkar han uppskatta utmaningen. Men i de flesta andra filmer är det som om hans alfa-egenskaper driver honom så långt "framåt" att många av hans kvinnliga motspelare har svårt att hänga med. Men varför upplevde jag då Rampling som annorlunda?

När filmen *A Beautiful Mind*, om matematikprofessorn och nobelprisvinnaren John Nash, som led av sjukdomen schizofreni, kommer till Sverige i februari 2002, ser jag fram emot ännu en lysande rolltolkning. Men filmen hade fått ganska dåliga recensioner och jag förberedde mig på det värsta. Väl i filmsalongen insöp jag glupskt filmen och drabbades av en oerhörd stolthet, som man kan göra när någon man respekterar gör något riktigt bra. För skådespelarprestationen Crowe levererar i filmen går knappast att överskatta.

Men filmen som sådan gav jag dock inte mycket för. En svensk recensent noterade att regissören Ron Howard troligen var för mentalt frisk för att göra en film om en person med en mental sjukdom, och jag är beredd att hålla med. Filmen fångar inte direkt den psykologiska resan utan är snarare tre olika filmer i en salig röra, där regissören lägger onödigt mycket tid på att försöka lura tittaren. Men trots filmens ojämnhet tar Crowe skådespelandets konst till nya höjder. Med imponerande detaljrikedom utmejslar han den mest trovärdiga bilden av en psykologiskt skadad människa jag någonsin sett.

En månad senare satt jag uppe hela natten i spänd förväntan, då 2002 års Oscarsgala gick av stapeln. Det är inget jag brukar göra, men jag var beredd att följa processen Crowe så långt jag kunde. Filmen *A Beautiful Mind* var nominerad till ett flertal Oscar, varav Crowe var nominerad för sin fantastiska rolltolkning, och även om det kändes osannolikt att juryn skulle ge honom Oscars två år i rad, var jag ändå full av förväntan.

Det blev en magisk och omtumlande natt. Det hade gått ett och ett halvt år sedan 11 september, och det var mycket diskussioner innan hur det skulle hanteras. Men när jag sitter där framför tv:n på småtimmarna, känns det som om hela USA plötsligt är redo för försoning. Whoopi Goldberg stod som värd för galan och navigerade denna evighetslånga tillställning med humor och värme. Crowe fick äran att presentera Halle Berry en Oscar för bästa kvinnliga huvudroll för filmen *Monsters Ball*, som den första afroamerikanska kvinnan någonsin, och till och med jag grät en skvätt. Crowe förlorade visserligen till Denzel Washington, som fick Oscar för filmen *Training Day*, men det gjorde inte så mycket. Två afroamerikaner vann de tyngsta Oscars-kategorierna på samma natt, och till råga på allt fick den legendariska Sidney Poitier ett hederspris.

När galan var slut, ungefär samtidigt som solen gick upp över ett snötäckt Stockholm, befann jag mig i ett nästan euforiskt rus. Jag hade ännu inte sett filmerna som gav Berry och Washington sina Oscars, men det gick inte att förneka att de är skickliga skådespelare och säkerligen förtjänade det. Och om de två kunde vinna samma kväll, då var allt möjligt! Jag började fundera över mina egna val och möjligheter och märkligt nog var det Crowes tal från Oscarsgalan året innan, när han vann för *Gladiator*, som ekade i mitt inre: *"If you grow up in the suburbs of anywhere, a dream like this seems kind of vaguely ludicrous and completely unattainable. [But] this moment is directly connected to those imaginings. And for anybody who's on the downside of advantage, and relying purely on courage, it's possible."*

Jag går ut i den kalla morgonen, alldeles för upprymd av möjligheter för att kunna sova. Och mitt i ett vackert, frostklätt koloniområde i Bromma, släpper jag taget om det liv jag alltid trott jag skulle ha, och börjar trevande skapa mig det liv jag faktiskt ville leva. Jag vågar för första gången erkänna för mig själv att den dröm jag burit med mig i det tysta ända sedan jag var barn, var en dröm om att få skriva. Att få fritt formulera mina egna tankar och fantasier i text, hade alltid känts som något onåbart. Men nu var jag dock redo att inse att den enda som hållit mig tillbaka från dessa drömmar var jag själv och så fort den insikten landat i mig, denna morgon i mars 2002, släppte jag allt och gav mig ut på ett helt nytt äventyr.

Några månader senare hade jag hunnit se både *Training Day* och *Monsters Ball* och insett vad som krävs av afroamerikaner i USA för att de ska hyllas, och känslan av magi och oändliga möjligheter jag hade den kvällen, minskade markant. Ett år senare invaderar USA Irak och eventuella förhoppningar om försoning ebbar snabbt ut. Men vid det laget har jag redan fattat mitt beslut, jag kliver av det s.k. "ekorrhjulet" och byter spår totalt.

Längs vägen förändras även något för vår så mäktiga och tillsynes oövervinnerliga alfahanne. Det är som om Crowe plötsligt tappar fart och får svårt att hålla balansen, både i livet och i sina rolltolkningar. Under många år efter *A Beautiful Mind* kommer hans filmer knappt upp på biograferna, och han får allt oftare acceptera biroller i filmer eller roller i mindre kommersiella filmer. Och även om det tycks ha blivit lite bättre den senaste tiden är vare sig hans roller eller prestationer i närheten av vad de en gång var, något som länge vållade mig en hel del huvudbry.

Men processen Crowe ebbar sakta ut efter den magiska Oscarsnatten. Med mig hade jag fått intressanta insikter kring fenomenet alfa som jag fortsätter att utveckla genom åren. Och så småningom blir de funderingarna, och de förändringar som Crowe genomlever åren efter, en av hörnstenarna i det som ligger till grund för den här boken.

Kapitel 2
Sarah Michelle Gellar

Det går några år och jag har börjat jobba som timvikarie i äldreomsorgen, vilket jag faktiskt trivs bra med, till min egen förvåning. Att bli vårdbiträde var aldrig något jag trodde jag skulle gilla, eller ens trott jag skulle klara av. Men det erbjöd möjligheten att bara jobba på helgerna vilket gav mig friheten att ägna vardagarna åt det jag helst ville göra; lära, fundera och skriva. Och det visade sig att kombinationen passade mig perfekt. Jag älskar den frihet och möjlighet till kreativitet som det innebar att bara jobba två dagar i veckan, samtidigt som jag trivs med att få hjälpa äldre och känna att jag gör något viktigt, något som ofta uppskattas av de man får hjälpa.

Efter att processen Crowe tog slut, hade jag mer eller mindre aktivt försökt hitta en kvinnlig hjälte att fokusera på, någon som kunde visa mig vad det skulle kunna innebära att vara alfahona och generera samma upplevelser som de många mäktiga män som passerar i revy, både inom film och i verkliga livet. Framför allt intresserade jag mig för actiongenren, eftersom jag upplevde att det är där man tydligast kan uppleva just alfa-fenomenet. Men jag fick genast problem, inte för att det inte fanns actionfilmer och tv-serier med kvinnor i huvudrollen, utan för att jag tyckte att de ofta var fruktansvärt dåliga, och att kvinnorna enbart reducerades till sexobjekt. Jag upplevde inte heller att de fick mig att känna den där adrenalinkicken som är så typiskt för alfahanar.

I filmer som *Gladiator* med Crowe, eller Terminator-filmerna med Schwarzenegger är det omöjligt att inte uppleva deras alfa-egenskaper. Precis som med vår egen Mikael Persbrandt, vars rolltolkningar oftast går in i märg och ben. Men vad är den kvinnliga motsvarigheten? Vilken kvinna skulle kunna ta sig an dessa roller och få tittaren att reagera på samma sätt?

Tv-serien *Buffy the Vampire Slayer* började sändas i repris på eftermiddagarna under 2005. Ursprungligen gick den mellan 1997–2003, men jag hade helt missat den. Att den efter sitt slut blivit kultförklarad fascinerade mig, men jag hade inga större förhoppningar när jag började titta. Sändningstiden passade däremot perfekt till eftermiddagsfika, så jag tänkte att det kunde väl inte skada.

Handlingen är enkel: en tonåring får magiska krafter och ska bekämpa allehanda elakt oknytt, och samtidigt genomleva gymnasietidens alla utmaningar. Inte särskilt originellt, men till skillnad från de flesta andra historier med samma tema, valde skaparen Joss Whedon att göra sin hjälte till en tjej. Redan 1992 blir hans manus film och regisseras av något så ovanligt som en kvinnlig regissör, Fran Rubel Kuzui. Tyvärr är filmen urusel, och ogillas av både kritiker och publik. Eller som en recensent från tidningen *Rolling Stone* (1992), uttrycker det: " … the film's clichéd heart deserves the stake" (Travers, Peter. 1992. Buffy the Vampire Slayer, *Rolling Stone*. 31 juli)[ii]. Men idén om den söta flickan, som istället för att vara det eviga offret faktiskt slår tillbaka, lever kvar och några år senare får Whedon möjlighet att göra om den floppade filmen till en tv-serie istället.

Skådespelerskan Sarah Michelle Gellar har vid det här laget redan gjort otaliga roller sedan sin reklamdebut som fyraåring och tv-debut som sexåring. Hon har även hunnit med roller i inte mindre än två såpor. När Buffy-serien börjar filma är Gellar knappt arton år gammal. Hon är liten, blond och sockersöt, och resten av ensemblen är i huvudsak unga amatörer. Men Whedon har en stark vision. Han vill att tittaren ska ta hans Buffy på allvar, och trots förhållandevis liten budget, riktigt dåliga specialeffekter och en hel del fåniga historier, börjar man som tittare sakta dras in det som i fan-kretsar kallas "Buffyverse"; ett eget universum, komplett med egna naturlagar, övernaturliga invånare, och unik dialog.

Hjältinnan i berättelsen får också några vänner som hjälper henne slåss mot allehanda elakingar, och i början är allt väldigt gulligt. Vännerna utsätts för små bekymmer som de måste lösa tillsammans i stark "vi"-anda, och tonåringarna har även en snäll, om något butter, vuxen som håller ett vakande öga på dem, i skepnad av en bibliotekarie. Vid första anblick skulle man kunna tro att detta något urvattnade tema skulle bli tråkigt i längden. Men det utvecklas snart till något mycket mer komplicerat och intressant.

Med avsnitt som täcker allt ifrån mobbing och hopplös kärlek till våra värsta mardrömmar, skapas en fascinerande blandning av komedi och intensivt drama, något som är förvånansvärt svårt att göra, men som här fungerar perfekt. Det gör också att serien får ett ovanligt djup. Säsong två blir betydligt mörkare än ettan och säsong tre är rent av plågsam. Och snart, nästan utan att märka det, har den observante tittaren tagit alla karaktärer till sitt hjärta och serien får sin självklara kultstatus.

Allt medan serien når sin otippade framgång och finner sin trogna tittarskara, måste den unga flickan från såpans värld nu bära bördan av att vara utvald, att vara den vars alla blickar vänds mot när världen ska räddas. Och serien överlever bara om hon lyckas övertyga publiken om att flickan med det lite mesiga namnet Buffy faktiskt kan rädda världen. Normalt sett är det män som räddar världen, medan kvinnorna sitter vid sidan om och gråter eller behöver räddas. Men Buffy-serien har en annan vision av vad kvinnor kan, och Gellar tar sig an uppgiften med största allvar.

Men för att lyckas måste hon hitta nya vägar. Det hon tidigare lärt sig, räcker inte. Men så mycket klassisk vägledning verkar det inte som hon får. Istället löser hon de problem som författarna ger henne med en intensiv kvinnlig drivkraft som för ovanlighetens skull verkar få fritt spelrum, och skapar en närmast magisk kombination av kvinnlig intuition och klassiskt historieberättande.

Men det tar ett tag innan jag börjar förstå vad det är jag ser. Processen är annorlunda den här gången. Jag drabbas inte av någon omedelbar aha-upplevelse, utan jag hinner se nästan alla sju säsonger innan min hjärna reagerar. Det är så mycket annat trams som händer i serien, så många konstiga avsnitt och dåliga specialeffekter att jag har svårt att fokusera. Det är först under de sista säsongerna jag börjar inse att jag kan ha missat något. Och först i säsong 5 börjar jag på allvar fundera över vad hon faktiskt är: Buffy är en kvinna med makt.

Denna insikt drabbar mig nästan fysiskt i säsong 5, avsnitt 12, "Checkpoint". Buffy måste visa sig duglig och förväntas uppfylla en massa krav som en grupp träiga gubbar har ställt. Till en början försöker hon anpassa sig, som kvinnor ofta gör. Sedan, efter en del funderande och sedvanliga slagsmål, yttrar hon tillsynes med samma förvåning som jag själv kände, orden: "I have power."

Det kan tyckas fånigt att jag, vid det laget trettio år fyllda, inte reflekterat över begreppet makt innan. Jag borde kanske ha vetat eller förstått att jag som kvinna, liksom alla andra människor har makt. Men makt är något subtilt och komplicerat, något som är svårt att sätta fingret på. Och det tog ett tag innan jag insåg att jag haft en omedveten känsla av att det bara är män som har makt.

Vi ser män med makt hela tiden och tar för givet att det är så makt ser ut. Men fram tills nu hade jag inte medvetet reagerat på att denna instinktiva association mellan män och makt, gett mig den omedvetna uppfattning att kvinnor därför per definition inte kan ha makt, som om det ena uteslöt det andra.

Men nu började jag fundera i andra banor, och blev djupt fascinerad av exakt vad det var Gellar gjorde. Det fanns en annan känsla i hennes Buffy, något jag inte sett tidigare, vare sig hos andra kvinnliga karaktärer eller hos kvinnor i allmänhet, hos politiker eller företagsledare. Det fanns något naturligt i ledarskapet, i makten hon utövar, som om det var en självklarhet för Gellar att hon skulle leda dessa människor, och gå vinnande ur striden. Trots att karaktären har övermänsklig styrka är hon för det mesta fysiskt svagare än de demoner, gudar och andra elakingar hon möter. Så det finns något annat i henne som skapar ett vinnande koncept.

När serien tar slut efter säsong 7 har Buffy gått igenom i stort sett alla stadier av ledarskap som finns, och gått segrande ur den ultimata striden. Hon har byggt en armé, och de har valt att följa henne in i de mörkaste vrår. Men hon vinner inte för att hon är ensam utvald, eller superstark. Hon vinner för att hon kan leda sitt team, för att hon kan överlista sin fiende och för att hon tar steget in i kampen, lyfter svärdet och utgår ifrån att hon ska vinna. Hon vinner för att de som känner henne litar på henne och är beredda att dö för henne. Och vi som tittare, som följt henne i sju säsonger, förstår varför. Vi skulle också följa henne om hon varit på riktigt. Och däri ligger kraften bakom Buffy.

Och det är Gellar som måste göra allt detta trovärdigt, och hålla karaktärens själ vid liv genom otaliga författare och regissörer som kommer och går. Det är hon som måste sälja konceptet att en ung, späd kvinna kan offra sig själv för världen, dö och återvända, älska och hata, och slutligen leda en armé genom helvetet. Författare kan skriva orden, men hon måste få oss att tro på dem.

Det finns förstås många fler berättelser om kvinnliga hjältar. Filmen om Buffy till exempel. Tv-serien *Xena: Warrior Princess*, som gick 1995-2001 är ett annat exempel. Men jag upplevde en väldigt stark skillnad mellan Gellars Buffy och alla andra kvinnliga hjältar jag hade sett innan. Det fanns något som skapade känslan av att hon faktiskt hade makt. Makt att påverka och förändra. Xena var ett offer för sitt öde och gick omkring halvnaken med ett alldeles för perfekt hår i alla säsonger, och tillslut blev det lika ihålligt som den värsta såpa.

Karaktären Buffy däremot växte för varje säsong, fick djup och känslomässiga dimensioner som pendlade mellan osårbarhet och svaghet, mellan mjukhet och orubblig styrka. Hon fick bli en människa, inte bara kvinna. Till och med sexscenerna, om än något bisarra, är känslomässigt komplexa och förstärker berättelsen, snarare än något man slängt in bara för att visa lite naket.

Gellar växte också med rollen, tveklöst stärkt av seriens framgång och fansens reaktion, och blir starkare och säkrare för varje säsong. Och även om jag inte riktigt visste då vad det var jag såg, upplevde jag henne i vissa stunder som minst lika mäktig och kraftfull som Crowe´s Gladiator mitt i striden.

Men som med allt i livet måste det så småningom ta slut och efter sju år fick vi ta farväl av Buffy. Många hoppades säkert då att Geller snart ska hitta nya karaktärer som får oss att känna på samma sätt som Buffy gjorde. Det visar sig dock bli svårare än man skulle önska.

Gellars karriär efter Buffy blir allt annat än spikrak. Men vart hon än går måste hon förhålla sig till den roll som definierat hennes karriär. En roll som väckt så många tankar och förhoppningar världen över, och som än idag genererar en stark känsla av saknad hos många fans, mig själv inkluderat.

Gellar är långt ifrån den enda skådespelaren som haft svårt att hitta tillbaka till en framgångsrik karriär efter en kultförklarad roll. Men hon är än idag en av få kvinnliga skådespelare som fått känna på, och faktiskt kunnat leverera visionen av, inte bara hjältemod utan även genuint ledarskap. Och även om det är svårt att bevisa så har jag ingen tvekan om att de många förändringar som skett i samhällets syn på kvinnor, har stärkts genom serier som

Buffy, där man inte bara får en vision om kvinnligt ledarskap utan också känslan av vad som är möjligt.

De flickor som växer upp idag behöver förhoppningsvis aldrig förhålla sig till den murkna syn på kvinnors begränsningar som till och med min generation till viss del matades med. Men det är skrämmande hur fördomar kan kännas helt självklara och naturliga när de är en del av den samhällsstruktur man växer upp med. Vi får hoppas att det nu har vänt, och att succéfilmer som *Wonder Woman* snart blir mer norm än undantag.

Under processens gång var jag mest fokuserad på att hitta någon som kunde ge mig samma känslor som Crowe hade gjort i den tidigare processen. Att jag upplevde att Gellar bara periodvis lyckades uppnå samma nivå, och att det ibland föll ihop totalt, gjorde inte det hela enklare. Men jag lämnar trots allt processen Buffy stärkt i insikten att det faktiskt går, att det åtminstone är teoretiskt möjligt att en kvinna kan leda, styra och inspirera till mod och framgång.

Kapitel 3
Simon Baker

Tiden går och jag ägnar mig åt andra intressanta projekt. Jag hade länge fascinerats av amerikansk politik, och det blev naturligt att följa det spännande presidentvalet 2008. Efter att ha sett Barack Obama i en intervju hos Oprah Winfrey året innan, bestämde jag mig för att detaljstudera honom, som en fallstudie av en mäktig och dominant alfahanne som dessutom var på riktigt, samtidigt som hans liv skulle bli minst lika övervakat av kameror och nyfikna journalister som vilken filmstjärna som helst.

Under det året som den intensiva delen av valkampanjen pågick lade jag i stort sett all tid jag hade på att läsa allt, titta på allt, lyssna på allt och skrev till och med en del på den blogg som fanns på den fantastiska hemsidan Obamas team hade skapat inför valet. Den hemsidan, med alla fantastiska blogginlägg från människor från världens alla hörn, fick dock snabbt läggas ner efter att valet var över, främst på grund av alla trollen som invaderat sidan. Det var första gången jag kom i kontakt med konceptet internettroll och började inse hur mäktiga dessa varelser kunde bli.

Men så länge det varade skapade de många tusentals som bloggade och deltog i konversationen världen över, en känsla av något som jag bara kunde beskriva som en levande organism, något man kunde vara en del av och känna sig mäktig bara för att man deltog. Jag upplevde också många av de tal han gav som rent magiska, och jag fick vid flera tillfällen gåshud över hela kroppen. Känslan av att allt var möjligt var så stark att man nästan kunde ta på den.

Samtidigt som jag ägnade mig åt allt detta, höll en del av min hjärna på att analysera inte bara yttervärlden, utan även min inre värld, mina egna reaktioner och upplevelser, vilket fascinerade mig minst lika mycket. Jag kände hur jag drogs in i denna nya värld som om det vore en kraftfull magnet, som jag vare sig ville eller kunde dra mig undan från. Så småningom började jag inse att jag fick allt svårare att förhålla mig kritiskt till mina känslor, något som både kändes befriande och oroande.

Efter att valet var över, och Obama tog över presidentposten kände jag mig lättad. Som om världen nu var räddad. Denna känsla bär jag fortfarande med mig som ett varnande exempel på hur lätt vår hjärna kan lura oss. Jag började nämligen snart märka hur den där enorma utstrålningen som Obama hade, den som fått så många av oss att jubla av glädje och tryggt vaggas in i känslan av att allt skulle ordna sig, sakta började ebba ut.

Hans tid som president levde knappast upp till förväntningarna, även om han åstadkommit en hel del. Men världen är knappast räddad, och jag fascinerades över varför jag och så många med mig överhuvudtaget hade haft en känsla av att det var möjligt. Vad fick oss att fantisera ihop så mycket fantastiskt som denna enskilda individ skulle kunna åstadkomma, förväntningar som så här i efterhand tycks helt orealistiska? Dessa frågor funderade jag mycket på efteråt, vilket så småningom utvecklades till en av byggstenarna i det som blev mina teorier kring energiprojektion. Men det var fortfarande ett tag kvar tills dessa teorier började ta form på allvar. Först var jag tvungen att ta mig an en av livets mer komplicerade processer.

När projektet Obama tar slut efter hans inträde i Vita huset, famlade jag ett tag efter något nytt projekt, men återuppväckte istället ett gammalt. En av fördelarna med att jobba som timvikarie i hemtjänsten är att man får träffa många spännande kolleger. En av dessa var Milica som jobbade extra några år medan hon doktorerade i molekylärbiologi. Hon tog sig an det enorma uppdraget att faktagranska ett av mina tidigare projekt, en bok om hur hjärnan fungerar, skriven för barn, som jag döpt till *Jasmins resa*. Projektet hade jag börjat jobba med många år innan, och det hade fått betydligt större proportioner än jag någonsin hade kunnat ana.

När jag ger mig in i något så gör jag det ordentligt och i början av projektet lånade jag en massa universitetsläroböcker från biblioteket och började läsa in mig på neurologi och mikrobiologi. Det tog naturligtvis en väldig massa tid, långt över ett år bara för själva grundresearchen. Men jag tyckte det var så otroligt intressant att jag inte kunde sluta, och boken jag skrev blev allt mer komplicerad. Första versionen jag skickade in till förlag refuserades, men genom åren kunde jag inte riktigt släppa det, så med jämna mellanrum tog jag tag i någon ny, spännande del av hjärnan, läste in mig på det och skrev in det i boken, vilket förstås gjorde den ännu mer invecklad och ännu mer refuserad. Nåväl, när jag lärde känna Milica var jag nog inne på femte versionen, men den här gången hade jag i alla fall en expert att fråga.

Inspirerad av hennes engagemang började jag studera ett område av cellen som jag tidigare ignorerat eftersom jag antagit att det var för svårt för mig, nämligen mitokondrien. Det är den lilla delen inuti varje cell där energi skapas, den energi som cellerna sedan använder för att göra allt det där spännande de måste göra för att du och jag ska kunna tänka, känna och röra oss. Jag ska inte påstå att det var en lätt resa att försöka förstå mitokondriens komplicerade system, men denna nya förståelse skulle förändra min syn på livet i lika hög utsträckning som den skådespelare som snart skulle göra entré i mitt liv.

Det gick visserligen inget vidare för boken om Jasmin, och efter ytterligare några refuseringar gav jag till slut upp. Men kunskap är aldrig förlorad och jag ångrar absolut inte den tid jag lade ner på att förstå livets byggstenar. Men det var just en sådan dag när jag höll på att brottas som mest med researcharbetet om den komplicerade, men evigt fascinerande mitokondrien, som jag kände att jag behövde en paus.

Det är slutet av 2011 och jag sitter med laptoppen i knät och scrollar lite uttråkat längs listan av tv-serier på en av de många betalsajterna. En serie som jag tidigare förkastat dyker åter upp i flödet, *The Mentalist* med en skådespelare som heter Simon Baker. Jag hade sett honom i en tidigare tv-serie, *The Guardian*, där han hade lyckats irritera mig så oerhört att jag under de nästan fyra åren som *The Mentalist* redan gått på tv, hade valt att undvika den.

Men den här dagen hittade jag inget annat att titta på, och tyckte att ett avsnitt kunde väl inte skada. Jag klickade på play, och universum tog fram storsläggan och en ny process drog igång med buller och brak. Precis som med *Gladiator* fanns här inga tvivel. Från första stund vet jag att den här processen kommer förändra mitt liv.

The Mentalist handlar om en man som försörjer sig som medium. Men efter att hans fru och dotter mördats av en seriemördare, erkänner han att han aldrig var medium utan bara lurade sina offer. Men han gjorde det så bra att hans förmåga att läsa av människor, förutse beteenden och manipulera dem, låter honom bli en viktig del i ett team av poliser som sedan tillbringar seriens 7 säsonger jagandes ovan nämnda seriemördare, och en massa andra brottslingar.

I den tidigare serien *The Guardian* spelar Baker en arrogant men charmig advokat med drogproblem, och karaktären i sig har stora känslomässiga problem som Baker inte direkt är rätt skådespelare att gestalta. Baker pendlar mellan att vara enormt charmig och fullständigt outhärdlig. I några scener får man känslan av en sammanhållen karaktär som bryr sig om och vill hjälpa, och Baker förmedlar både värme och intelligens. Men i de flesta scener är karaktären endimensionell och poänglös, och Baker så usel att man fullständigt baxnar. Eller som en TV-recensent från USA TODAY, uttryckte det i en recension; *"[...] one-note peevishness is pretty much all Baker conveys. You could get the impression he had been sentenced to do this show."* (Bianco, Robert. 2001, Prime-time legal eagles, *USA TODAY*, 09/25/2001)[iii].

Det var många gånger under de åren som *The Guardian* gick som jag frågade mig själv varför jag fortsatte titta på en serie som jag bevisligen tyckte så illa om. Men trots att det fanns så många brister både i serien och i skådespeleriet, upplevde jag det svårt att sluta titta, som om det fanns något närmast beroendeframkallande i hans agerande. Och jag var bevisligen inte den enda som upplevde detta, då Baker otroligt nog blev nominerad till en Golden Globe för sin rolltolkning.

Men när jag återser Baker i den nya serien *The Mentalist*, har något hänt. Han pendlar inte längre, det finns inga skarvar, ingen tvekan, inga obehagligheter. Karaktären Patrick Jane är perfekt utmejslad, välbalanserad och utstrålar sådan charm att det är omöjligt att inte bli påverkad. Patrick Jane som karaktär är egentligen en ganska otrevlig person som tillbringat större delen av sitt liv med att lura och bedra människor, och dessutom tjänat stora pengar på det, inte helt olikt Bakers karaktär i *The Guardian*. Men i *The Mentalist* har Baker lyckats finslipa sin charm så till den grad att man snabbt glömmer karaktärens obehagliga sidor. Och till skillnad från alla de andra otaliga detektivserier med liknande tema, blir man här precis så manipulerad som författarna avser.

Jag tittade igenom första säsongen av *The Mentalist* på några dagar. Fem, sex avsnitt per dag, nästan fem timmar åt gången med samma karaktärer, otaliga mordgåtor och en, enda ekande fråga i mitt huvud: "Vad gör han för någonting?" Allt flyter på friktionsfritt genom 18 avsnitt, och så kommer avsnitt 19, "A dozen red roses". Och plötsligt förändras Baker totalt, karaktären är inte lika stadig längre, det glappar i skådespeleriet här och var, och av någon märklig anledning har han svårt att upprätthålla sin vanliga, naturligt avslappnade charm så fort avsnittets mordmisstänkta kvinna dyker upp. I en scen håller den kvinnliga karaktären på att byta kläder och där sitter plötsligt Patrick Jane och betraktar denna ganska normalattraktiva kvinna som om hon var det vackraste han någonsin sett. Eller var det Baker som iakttog kvinnan, och helt tappat karaktären? Men varför skulle han göra det, efter nästan en hel säsong utan problem?

Svaret kom efter lite snabb research. Skådespelerskan han iakttar med sådan förtjusning är hans fru, på riktigt, och det är väl ganska sött att han, efter ett då femtonårigt förhållande, fortfarande verkar tycka att hon är den vackraste kvinna han sett. Men det förklarar inte hans problem att hålla kvar karaktären. Många skådespelare agerar mot sina respektive, utan att det direkt påverkar prestationerna. Så varför påverkade det Baker?

Nu börjar ett av mina svåraste researcharbeten hittills. Dels för att Baker är den mest komplicerade skådespelare jag någonsin studerat, och dels för att mycket av det han gjort är svårt att få tag på. Vid det här laget hade jag redan studerat en hel del andra skådespelare, visserligen utan samma intensitet, men jag upplevde att jag börjat förstå hur yrket fungerar, hur de tar sig an sina karaktärer och varför resultatet blir som det blir. Men med Baker förstår jag plötsligt ingenting. Allt jag trott mig förstå, om hur skådespelaryrket fungerar och hur det kan användas för att tolka mänskligt beteende, blir helt upp och nedvänt. Och det enda jag kan göra är att försöka förstå vad som gör Baker annorlunda från de andra.

Detta arbete tog lite över ett år. Och inte sällan undrade jag om jag blivit tokig. Men det som blev ett genombrott för mig var en mycket obehaglig liten film från 2007 vid namn *Sex and Death 101*, eller *101 kvinnor* som den kallades i Sverige. Av titeln kan man kanske gissa sig till att Bakers karaktär orealistiskt nog på kort tid ska ha sex med 101 kvinnor av skäl jag inte tänker gå in på här. Men det jag fascinerades av var ojämnheten i hans förmåga att leverera det där charmiga, förföriska, självsäkra, som är så centralt för rollen. I vissa scener är hans prestation närmast amatörmässig, i andra helt genialisk, och det enda som tycks skilja mellan scenerna är skådespelerskan han har framför sig.

I de flesta normala filmer har man begränsat med karaktärer, men här ska många kvinnor passera revy och det gav mig möjlighet att se ett mönster jag kanske inte annars hade hittat. I den här filmen blev det väldigt tydligt hur begreppet charm, något jag ännu inte definierat, faktiskt var något som kunde slås på och av, och avsaknaden av det i vissa scener blev ett bevis för dess existens. När någon är charmig hela tiden är det mest logiska antagandet att det helt enkelt är ett personlighetsdrag, men att en individ kunde aktivera det under specifika omständigheter, var något helt annat.

Det blev också uppenbart att Bakers prestation var direkt kopplat till hans egna känslor inför personen han spelade mot, och deras förmåga att möta honom på ett effektivt sätt. Utstrålning som charm och förförelse tycktes alltså i grunden vara en form av teknik, och som de flesta andra skådespelartekniker var det knutet till individens känslor. Det var väl kanske inte helt ologiskt så här i efterhand, men jag hade inte tidigare gjort den kopplingen; att känslor inte bara kunde förmedlas av kroppsspråket utan även av en funktion som skapade upplevelser såsom charm och utstrålning.

Nu började ord som ”charm” och ”alfa” bli begrepp som letar sig in i alla skådespelaranalyser jag gör, och alla iakttagelser av andra individer och andra yrken, och jag började fråga mig om begreppen har något gemensamt. Sakta börjar jag pussla ihop bitarna och tycker mig plötsligt se ett mönster, och ett kontroversiellt ord börjar leta sig in i mina tankar; energi. Kontroversiellt för att det så lätt associeras till den kombination av idéer som ofta kallas "New Age".

Inom detta område samlas allt ifrån intressanta idéer till rent nonsens. För att inte tala om en hel del önsketänkande och rena fantasier. Och eftersom allt rörts ihop till en osammanhängande röra, har ordet energi inom "New Age" blivit pådyvlat så många olika associationer att det i praktiken blivit oanvändbart. Forskarvärlden har därför, med all rätt, vänt sig bort från den röran och håller hårt i sin vetenskapligt väldefinierade och rationella idé om energi. Men i min mening gör det tyvärr att idéer som rör sig i gränslandet slarvars bort och ignoreras, trots att de i vissa fall skulle kunna förklara sådant vi ännu inte förstår och kanske till och med kan underlätta vissa problem mänskligheten dras med. Och det var i detta gränsland som jag nu insåg att jag befann mig i.

Parallellt med processen Baker hade jag också ägnat tid åt att förstå den lilla mitokondrien; våra cellers energikälla. Här fanns ordet energi helt utan knepiga associationer och till en början kändes det enormt befriande att få läsa in mig på det ur ett helt vetenskapligt perspektiv. Men utan att önska det hamnade jag snart i gränslandet igen. Jag kunde inte låta bli att undra om all den energin som skapas i vår kropp och vår hjärna, också kunde ha utvecklats till att fylla en annan funktion än den som forskarna var så bra på att beskriva. Jag kunde inte undkomma känslan av att Bakers förmåga att upplevas som charmig, hade mer med energi att göra än kroppsspråk eller utseende.

Efter ett tag började jag uppleva en skillnad i skådespelarstrategi, där Crowe fick representera ett större fokus på en karaktärskapande strategi; att få karaktärerna att bli så trovärdiga som möjligt ur ett psykologiskt perspektiv. Medan Baker hade hittat en annan strategi att nå framgång, en strategi som inte hade så mycket med karaktärens psykologiska trovärdighet att göra, utan handlade mer om att ge betraktaren en känsloupplevelse. Jag valde att kalla denna sistnämnda strategi för *energiprojektion*.

Jag hade naturligtvis kunnat kalla det för utstrålning eller karisma, eftersom det är de orden man oftast använder. Men jag ville hitta ett sätt att definiera det jag upplevde i en mer vetenskaplig anda, och ordet energi, trots sin komplicerade natur, kändes oundvikligt för att kunna prata om det på ett konkret sätt. Ordet projektion kom till efter att jag funderat över vad det faktiskt är vi reagerar på. Det är inte bara en utstrålning som pyser ur oss lite hursomhelst, utan en medveten eller omedveten fokuserad projektion, som är direkt kopplad till de känslor vi faktiskt känner och de bilder vi ser för vårt inre.

De flesta skådespelare använder sig av båda strategierna i olika utsträckning. Men den karaktärskapande strategin har fått betydligt större genomslag i t.ex. skådespelarutbildningar, och upplevs ofta som mer seriös. Jag tycker personligen att energiprojektion borde klassas som minst lika viktig, eftersom det många gånger är den som skapar känslan hos publiken. En välgjord scen med perfekt karaktärskapande, men helt utan energiprojektion, blir lätt tråkig. Och energiprojektion är minst lika komplicerad att utföra och kräver lika mycket träning och övning som ett mer psykologiskt fokus.

42

Jag upplever att den renodlade energiprojektionen är lättast att hitta i actionfilmer, vilket var anledningen till att jag alltid fascinerats extra av dessa skådespelares förmåga. Det kan tyckas som t.ex. Vin Diesels framgångar i de många actionfilmer han gjort genom åren, främst bygger på fysisk styrka. Men jag som studerat honom, och de flesta andra så kallade actionhjältar i detalj, är helt övertygad om att det krävs betydligt mer för att lyckas än att bara bygga muskler.

Men det är Baker jag ständigt återvänder till när jag börjar formulera mina tankar, främst eftersom hans skådespelarstrategi kommit att i väldigt hög grad vara beroende av just energiprojektion, och då jag upplevde att han utvecklat variationer jag inte tyckte mig se hos så många andra. Hans projektionsmönster, när han är som bäst, upplevde jag bestå av nästan lika många nyanser som vi rimligen skulle kunna anta att vi skulle uppleva om vi träffade exempelvis hans karaktär från *The Mentalist* på riktigt. Och inte bara förmedla dem korrekt utan också förstärka och utveckla dem. Jag gissar att Baker har en rätt bra förmåga att sätta sig in i och förstå andra människors känsloliv, vilket förstås är en väldigt praktisk förmåga om man vill lyckas som skådespelare, och säkert ett av skälen till att han lyckats hitta så många nyanser. Men han tycktes också ha hittat den där så gäckande mekanismen som skapar en tydlig projektion. Och ju fler projektioner i ett mönster, desto rikare och mer fulländad blir upplevelse för betraktaren.

Huruvida han själv är medveten om sina strategier eller om han utvecklat dem omedvetet, kan bara Baker svara på. Men det som i min mening gör Baker så intressant är just alla nyanser jag tycker mig kunna uppfatta. Det finns en "renhet" och "klarhet" i Bakers projektioner, begrepp som *känns* helt logiska efter att jag iakttagit honom i timtal, men som jag länge hade svårt att förklara intellektuellt. Schwarzenegger, till exempel, projicerar visserligen en stark och stadig alfa-energi, men den är allt annat än flexibel och nyanserad. Baker kan förändra sin projicerade energi med enorm precision, där skillnaden på en iskall seriemördare och en älskvärd trädgårdsmästare blir direkt kännbara på ett sätt som andras karaktärer sällan blir.

Men efter att ha sett allt han gjort fascinerades jag över hur beroende Baker tycktes vara av att känna sig trygg i sin omgivning och med sina motspelare. De skådespelare som i huvudsak ägnar sig åt karaktärsskapande processerna verkade inte alls vara lika påverkade av vad som pågår runt dem, vare sig privat eller på inspelningen. Men kanske är just förmågan att projicera energi i helt rätt mönster vid rätt ögonblick, så kostsamt att om det finns något annat som kräver energi, vare sig det är konflikter eller bara mycket annat att hålla reda på, då tar energin helt enkelt slut. Den insikten blev också startskottet för många nya tankar kring Russell Crowes märkliga öde, som jag återkommer till i slutet av boken.

Vid det här laget har processen Baker börjat avta, och jag påbörjar det långa arbetet med den här boken. Men Baker hade visat mig vägen in i ett fantastiskt spännande område, och jag återvänder till honom med jämna mellanrum även framöver. Men det är till cellernas magiska värld och så småningom kvantfysikens märkliga universum, som jag nu beger mig för att försöka få svar på alla de frågor som uppstått på vägen.

Del 2
Vetenskap och teori

Kapitel 4
Inledning till vetenskap och teori

När jag under 2002 började min långa resa in i cellernas värld, genom arbetet med boken om Jasmine och hennes äventyr inne i den mänskliga hjärnan, hade jag ingen aning om vad det skulle komma att innebära. Det som först bara handlade om nyfikenhet kring hur hjärnan egentligen fungerade, skulle förändra min bild av både mig själv och allt annat levande omkring oss. Det är en resa jag företagit i etapper sedan dess, och jag tror inte att jag någonsin kommer sluta fascineras av det. Det är ju trots allt i hjärnan och alla dess celler som mötet med andra människor och oss själva egentligen sker; där orden uppstår, där känslor skapas och minnen formas. Det är hjärncellerna som bygger upp vår inre bild av världen, som tar in dofter, ljud och känslointryck, tolkar och analyserar.

Jag hade länge planer på att bli forskare när jag var yngre. Jag längtade efter att få djupdyka ner i ett ämne och lära mig allt jag kunde om det. Men till slut var jag tvungen att inse att jag inte har mentaliteten för det. Jag skulle aldrig kunna välja ett enda ämne, och utesluta alla andra. För mig är allt lika intressant och allt växer ur något annat, helt beroende på vilket perspektiv man har. Ur det som vi idag klassar som det allra minsta, det som kallas kvantfysik, växer den klassiska fysiken med sin gedigna kunskap om atomerna. Och ur det växer kemin med molekylernas spännande funktioner och variationer, som sedan bygger upp biologin, som ger upphov till psykologin och slutligen sociologin.

För mig är allt detta delar av samma helhet, och jag kan inte välja en enskild del framför någon annan. Därför kan jag aldrig bli forskare, hur mycket jag än beundrar denna yrkeskår och det oerhört viktiga arbete de gör. Men i denna bok ville jag trots allt gärna försöka hålla mig till forskningens grundregler, utan att för den skulle ge sken av att jag har kvalifikationer som jag inte har. Mina studier på Stockholms universitet gav mig dock förståelse för hur viktigt det är att inte dra för snabba slutsatser, att noga väga alla alternativa möjligheter, och hur lätt det är att hamna fel. Jag har ambitionen att hålla mina teorier och tankar så trovärdig som möjligt. Hur väl jag lyckas är upp till dig som läsare att bedöma.

De två följande kapitlen, om cellerna och den lilla elementarpartikeln fotonen, är i grunden baserade på vedertagna fakta, även om jag har tagit mig vissa kreativa friheter i presentationen. I kapitlen som följer lämnar vi dock den klassiska vetenskapen och beger oss ut på helt andra farvatten. Men först vill jag dela med mig av något som djupt fascinerar mig; den spännande världen inne i våra hjärnceller.

Kapitel 5
Cellstaden

Jag älskar molekylärbiologi och framförallt det spännande
som händer i våra hjärnor på molekylär nivå. Men det är
en djungel av svåruttalade ord som ofta beskriver väldigt
komplicerade fenomen, och inget av det är helt lätt att göra
begripligt. Men för att förstå mina resonemang i kom-
mande kapitel bör man åtminstone ha ett hum om hur våra
celler, och därmed våra kroppar, faktiskt producerar
energi. Därför tänkte jag ta med dig på en liten resa in i
hjärnan och de celler som skapar våra tankar, känslor och
upplevelser. Tyvärr är vi alldeles för stora för att faktiskt
bege oss dit, men som tur är så är allt möjligt i fantasin. Det
följande är en kort bearbetning av boken om Jasmine som
jag skrev på så länge, och jag hoppas ni ska tycka hjärnan
och cellerna är lika fascinerande som jag gör.

Så välkommen ombord på denna magiska farkost!
Spänn fast säkerhetsbältet och sätt dig tillrätta. Vi kommer
nu att krympa farkosten till en molekyls storlek och bege
oss in i hjärnan på vår frivilliga försöksperson Eva.

Eva är en helt normal, vuxen kvinna. Skulle vi ta ut hennes hjärna och klämma på den, skulle vi kunna konstatera att den väger mellan 1 till 1,5 kilo, och ser ut som en beige/rosaaktig, valnötsformad klump, med i runda slängar 100 miljarder hjärnceller koncentrerade till olika ställen. Det finns också närmare en biljon andra typer av celler där inne som krävs för att få hela systemet att fungera. Varje cell i din kropp, och hos allt liv på jorden från bakterier till elefanter, ser i stort sett likadana ut. De har samma grundstruktur, även om varje cell är anpassad för sin specifika uppgift.

De individuella hjärncellerna ser mest ut som konstiga utomjordingar. Cellkroppen ser ut som huvudet på medusa; en klump med en massa ormliknande utskott. Utskotten är dendriterna som tar in information. Nedanför själva kroppen är "svansen" som kallas axon och det är den som skickar signaler vidare till andra hjärnceller. Varje cell kan ha kontakt med över tusen andra celler, men det skiljer sig beroende på var cellen befinner sig. Cellerna kommunicerar med hjälp av ett komplicerat system som använder både elektiska och kemiska signaler, som vi ska titta närmare på snart.

Men vi fortsätter att åka neråt, förbi alla cellerna här, för det jag vill visa er är de hjärnceller som specialiserat sig på känslor, och de finns längst ner i hjärnan. Men först kommer vi in i den delen av hjärnan som består till huvudsak av vita, repliknande axon. Det vita är myelin som täcker cellens axon för att den elektriska signalen ska kunna färdas fortare. Och som ni ser sprakar det lite här och var, som ett magnifikt fyrverkeri. Det är cellerna där uppe som kommunicerar med cellerna där nere, långt ner i centrum av hjärnan. Där nere finns de celler som evolutionen lagt kraft på att skydda mest, bland annat det limbiska systemet, där dina känslor uppstår. Där finns också de delar som lagrar minnen och erfarenheter, och en massa andra funktioner som gör dig till just dig.

Det limbiska systemet är ett samlingsnamn för ett flertal olika områden som är specialanpassade för olika funktioner. Här finns bland annat hippocampus, som jobbar med långtidsminnet och hypotalamus, som styr hormonerna. Och där borta ligger amygdalan, och det är hjärncellerna där jag tänkte vi skulle titta närmare på.

Om ni tittar ordentligt nu kommer ni snart se den elektriska signalen på nära håll. Axonet vi har framför oss kommer från cellen där ovanför, och snart kommer den att förmedla sin signal till celler där borta i amygdalan. Varför vissa signaler skickas vidare och vissa inte är en komplicerad vetenskap, men enkelt uttryckt handlar det om styrka och relevans, något varje cell själv måste avgöra. Skillnaden för dig som person kan dock bli avgörande, som till exempel om en viss händelse ska lagras i långtidsminnet, eller glömmas bort för alltid. Signaler gör att något bevaras, men om signalen inte skickas vidare, upphör det att finnas i din hjärna. Mycket av allt du ser och gör under en dag, försvinner. Om vi var tvungna att komma ihåg varje rödljus vi stannat vid, varje tugga mat vi stoppar i oss, varje person vi passerar, skulle vi nog bli ganska distraherade från sådant som verkligen betyder något.

Men nu kommer signalen; ni kan se det som små blixtar där längst upp på axonet (som jag antagit att vi kan se i vår fantasifarkost). Den elektriska signalen längs ett axon kan ibland färdas så fort som 100 meter per sekund, allt för att tiden från att dina ögon ser ett farligt rovdjur och dina ben börjar springa, ska bli så kort som möjligt för att öka chansen för överlevnad. Signalen färdas längs axonet med hjälp av ett sofistikerat användande av kemiska lagar som jag inte kommer gå in på här.

När den elektriska signalen nått sin slutstation i änden på axonet, triggar det igång en kemisk reaktion. I slutänden på axonet finns olika så kallade transmittorsubstanser; små pärlband av aminosyror med en väldigt specifik uppgift; de ska simma över till den andra cellen och leverera ett meddelande. Om mottagarcellen anser meddelandet tillräckligt viktigt, kommer den cellen i sin tur generera en elektrisk signal som den sedan skickar vidare längs sitt axon till nästa cell, och så vidare, som ett avancerat stafettlopp av information.

Om vi nu påbörjar vår resa in i hjärncellen framför oss, kan vi få träffa en av huvudpersonerna på vår lilla resa. Men först måste vi ta oss igenom den här kanalen på cellens yta, som normalt bara släpper in behöriga proteiner. Cellen måste göra allt den kan för att skydda sitt inre, och runt omkring oss patrullerar även andra typer av celler, som beskyddar den här hjärncellen från bakterier, virus och annat elakt som kan smita in här i hjärnan.

Väl inne i hjärncellen kan vi tänka oss att det är full fart, som om det vore i en riktig stad. Det finns en massa pelare överallt, som håller upp själva cellväggarna, och många broar som går kors och tvärs för att transportera proteinerna, de invånare som man kan kalla tjänstemännen här inne i Cellstaden. De här runda bollarna som far runt på broarna är som taxibilar som transporterar proteinerna, och de kallas vesiklar. De byggs i fabriken där borta, den som ser ut som en skrynklig padda. Utbuktningarna på väggarna är början till nya vesiklar. Om vi åker närmare, ser ni hur den där bubblan sakta blåses upp.

Nu släpper snart en vesikel från väggen här ovanför. Inuti vesikeln finns redan en mängd proteiner som kanske redan är sena till sitt jobb. Vissa av dem kanske till och med är de där transmittorsubstanserna som vi såg utanför cellen, de som skickade vidare meddelandet till nästa cell. Utan dem skulle inte din hjärna fungera. De skapas visserligen av generna i cellens Kärna, men de byggs ihop i den här "fabriken". Men de behöver dock inte gå till jobbet själva utan får resa bekvämt i den här vesikeln, eller taxibilen, om man så vill.

Men nu ska vi få stifta bekantskap men en av de mest spännande "arbetarna" här inne i cellen. Om ni tittar noga precis under taxin när den landar på bron, så ser ni något spretigt som greppar tag i taxin, och alldeles strax kommer något märkligt att hända. Den där spretiga filuren börjar röra på sig och drar med sig sin tunga last. Det spretiga som tar kontroll över taxin och nu far iväg med en faslig fart, är det man kallar motorprotein; en av oändligt många, hårt arbetande taxiförare här i Cellstaden.

Det finns många olika varianter av motorproteiner i olika storlekar, och med specialiserade arbetsuppgifter, och deras jobb är att se till att alla andra proteiner kommer till rätt ställe, så att hela staden fungerar; precis som bussar, tåg och lastbilar gör i våra egna städer. Ibland måste de till och med flytta en hel "fabrik" om den ligger på fel ställe i cellen. De här motorproteinerna är livsviktiga för allt liv på jorden, och utan deras arbete skulle du inte kunna tänka, känna eller röra dig.

Men även ett motorprotein måste äta för att orka sina tunga arbetspass. De äter dock inte som vi, med tallrik, gaffel och kniv, utan absorberar något som heter fosfater. Fosfaterna är väldigt energirika och ger motorproteinet all den energi de behöver för att de ska klara sitt arbete.

Men för att motorproteinet ska kunna få tag på några fosfater krävs att de transporteras ut ur den fabrik där det skapas, och släpps fria i cellen så de kan ätas upp av förbipasserande motorproteiner. Detta sköts av den huvudpersonerna som vi åkte in hit för att träffa. Den går under det komplicerade namnet Adenosintrifosfat, som vi framöver kommer förkorta med sin officiella förkortning: ATP (efter engelskans Adenosine TriPhosphate). Både ATP och fosfater skapas i en fabrik en bit bort, det som kallas för mitokondrien.

Men först måste vi stanna till utanför Kärnan. Varje gång jag reser in i Cellstaden stannar jag till här, och blir alltid lika andäktig inför denna mäktiga byggnad. Den tornar upp sig i all sin prakt, likt en enorm katedral mitt i staden, och djupt där inne har evolutionen gömt sitt allra dyrbaraste: kromosomerna med sina gener kodade i DNA, det som gör varje individ unik. Ett bibliotek med tusentals böcker, vissa så gamla att ingen kan läsa dem längre, medan andra innehåller information om vem du är, hur du ser ut och till viss del även hur du tänker och känner.

Det finns också en hel stab av arbetare där inne, vissa håller ordning och beskyddar, medan andra arbetare läser av genen, kopierar den och för ut informationen hit till Cellstaden. Här tar sedan andra arbetare vid, och omvandlar den till en sträng av aminosyror, som sedan transporteras bort till den där fabriken vi tittade på nyss, där de blir till proteiner och packas in i de runda taxibilarna. Jag upphör aldrig att fascineras av komplexiteten här inne. Och det märkligaste av allt; alla arbetarna här tycks veta exakt vad de ska göra och vart de ska ta vägen, trots att de inte har någon egen hjärna. Ett av livets många små mysterier.

Men här har vi inte tid att stanna. Vi måste vidare till den fabrik som är viktigast för mitt resonemang. Det är de avlånga byggnaderna där borta som kallas Mitokondrier. Antalet Mitokondriefabriker kan variera beroende på vilken typ av cell det är och hur mycket energi den anser sig behöva. Vissa celltyper har bara några stycken, andra kan ha upp till 2000. Antalet kan också förändras i cellens livstid, beroende på behov. Mitokondrien är också ansvarig för andra arbetsuppgifter än det vi ska prata om nu, men det är en helt annan historia. Framför allt ägnar sig Mitokondrien åt att omvandla syret du andas och maten du äter till den sorts energi som blir till mat för bland annat de där motorproteinerna vi träffade nyss, och därmed kan man på sätt och viss kalla dem källan till allt liv.

Livet i Mitokondrien ser nästan likadant ut som i själva cellen. Här finns det mesta som finns i Cellstaden, inklusive en egen liten DNA-sträng som innehåller de gener som Mitokondrien behöver. Forskarna tror att Mitokondrien ursprungligen började livet som en bakterie, som evolutionen rekryterade för just skapandet av energi, men helt säkra verkar de inte vara. Det som är säkert är i alla fall att längs väggarna inuti Mitokondrien, finns ett protein som har en ”rot” planterad i väggen, och en ”trädkrona” som snurrar. Runt om hela väggarna sitter dessa ”träd” och snurrar. De seriösa forskarna (som oftast är män), använder hellre liknelsen av en motor, men jag vet inget om motorer. För mig ser bilderna på detta märkliga protein ut som ett träd, som snurrar.

Men de snurrar inte bara för att det är kul. Dessa proteiner har en väldigt viktig uppgift att fylla. Om ni tittar riktigt noga på den snurrande "trädkronan", ser ni en liten krabat som simmar in där. Det är vår huvudperson, den där molekylen med det konstiga namnet som vi förkortar till ATP. Den hämtar de där viktiga fosfaterna inne i "trädkronan" där de skapas, för att sedan transportera ut dem till cellen. Och direkt efter att den farit ut i cellen och lämnat av sina fosfater till de där motorproteinerna, återvänder den hit och fyller på med nya fosfater igen.

En enskild ATP molekyl kan hinna återvända till Mitokondrien och fylla på med energi flera hundra gånger per dag. Och det krävs mycket av den här sortens energi för att du ska kunna leva ett normalt liv, och därför också väldigt många ATP. Till och med så pass många att du kan omsätta ungefär din egen kroppsvikt i ATP varje dag, även om de som tur var inte är så tunga; du har bara runt 250 gram åt gången (om man skulle frysa ett ögonblick och mäta mängden ATP just då, vill säga). De är också otroligt snabba, och rusar fram och tillbaka i en faslig fart för att hinna fylla på så snabbt som möjligt så motorproteinet inte behöver stanna upp och vänta på sina fosfater. För varje steg den tar behöver nämligen den lilla strävsamme taxiföraren påfyllning. En cell kan därför behöva ha flera miljoner ATP molekyler i arbete varje sekund.

När ATP molekylen till slut inte orkar springa runt och dela ut fosfater längre, dör den. Men dess beståndsdelar återanvänds av mitokondrien som snabbt bygger nya ATP molekyler. Inget får gå förlorat i ett så här känsligt kretslopp, cellen kan ju inte direkt gå och handla nytt material i byggvaruhandeln. Men hur mycket ATP som skapas, och exakt hur ofta de fyller på med fosfater, beror helt på vilken cell det är och hur mycket cellen måste jobba just då.

Föreställ dig nu en av dessa små ATP molekyler som ger sina fosfater till en hungrig taxiförare, som glatt mumsar i sig dem. Taxin far sedan vidare med sin last, och låt oss anta att passagerarna är transmittorsubstanser; de där små pärlbanden som vi såg mellan cellerna. Snart kommer föraren släppa av sina passagerare vid slutet av axonet, och vid lämpligt tillfälle rusar de tillsammans ut genom kanaler som leder ut i synapsen. Och när de simmat över till andra sidan triggar de igång den elektriska signalen i mottagarcellen, och i det ögonblicket som den cellen vidarebefordrar samma signal till nästa cell, bildas det som vi upplever som till exempel en känsla. Varje enskild cell kan inte känna eller tänka, men tillsammans med miljoner andra bildar de resultatet av en av universums mest magiska ekvationer; den som säger att ibland kan helheten faktiskt bli större än summan av delarna.

En massa elektriska och kemiska signaler bildar våra känslor, tankar, idéer och har gjort det möjligt för oss att skapa det samhälle vi har. Men inget av det hade varit möjligt om inte evolutionen löst en väldig massa problem på vägen, som till exempel den lilla ATP molekylen, vars fosfater ger motorproteinet kraft att transportera de proteiner som skapas i Kärnan av de gener som vi bär med oss från våra förfäder.

Det jag ville visa med denna lilla resa är att inget i din kropp kan uppstå utan energi. Cellernas själva existens bygger på energi. Men vad är då egentligen energi? För dig är energi maten du äter. För motorproteinet är energi fosfaterna som Mitokondrien skapar av maten du äter. Men det finns en djupare nivå, något som gömmer sig bakom alla andra definitioner av energi, det som gör att till exempel fosfaten faktiskt kan bli till energi, och hemligheten med det hittar man i Kvantvärlden.

Kapitel 6
Kvantvärlden

För att riktigt komplicera begreppet energi ska vi nu bekanta oss med en annan värld; Kvantvärlden. Det är den lilla, lilla, lilla världen inuti den lilla världen, det som bygger upp det vi kan se med mikroskop. Det är en värld som egentligen idag bara är teoretisk, vi kan inte se invånarna i Kvantvärlden vilken man kan med invånarna i Cellstaden, men det är tillräckligt analyserat och studerat för att man ska kalla det vedertagen sanning.

För att besöka Kvantvärlden måste vi, med fantasins hjälp, bli ännu mindre. Låt oss återvända till hjärnan, till den där hjärncellen med alla invånare som utför sina viktiga uppgifter. När vi nu blir mindre och mindre kommer allting återigen förändras runt oss. Det som tidigare var molekyler och proteiner, sådant vi kan se i mikroskop, förändras det nu till en värld som tycks nästan omöjlig att föreställa sig, med lagar och regler långt bortom det som känns logiskt och rimligt.

Här i Kvantvärlden utgör invånarna det som kallas för elementarpartiklar. Dessa elementarpartiklar är i teorin odelbara, vilket betyder att forskarna har utgått ifrån att de är de minsta beståndsdelarna i universum, och därför inte består av något annat. Själv har jag svårt att greppa något som inte består av något, men det är väl bara att gilla läget.

I denna komplexa Kvantvärld finns den andra huvudpersonen på vår resa, den som fått namnet foton, efter det grekiska ordet för ljus. Fotonen delar denna värld med en hel del andra spännande filurer, som vi tyvärr inte kommer gå in så mycket på, men vi måste förstås bekanta oss lite med fotonens närmaste kollega elektronen. Men här finns också *kvarkarna* som bygger upp protonerna och neutroner i atomens kärna, och en del annat; såsom gluoner, neutriner, några bosoner och så Higgspartikeln förstås, som upptäcktes för bara några år sedan. Det finns säkert fler invånare att upptäcka, och forskarna har en del jobb kvar att göra för att identifiera alla. Problemet är att de är så rackarns små att det tar tid att hitta dem.

Men låt oss nu i fantasin se framför oss hur en massa fotoner far runt omkring oss, överallt i en faslig fart. Jag ser framför mig runda, nästan genomskinliga, lysande klot, men i verkligheten vet ingen exakt hur de ser ut. Jag låtsas att de är runda, mest för att universum verkar gilla runda former, så varför inte. Men egentligen måste vi försöka föreställa oss dem som både klot och våg samtidigt, och det är det som gör dem så spännande. För enligt fysikerna är fotonerna, liksom de flesta elementarpartiklarna, både partikel och våg på samma gång, hur det nu kan gå till. Ungefär som om vi vore människor och hav, samtidigt.

Men för att överhuvudtaget ha en chans att se dem, måste vi även föreställa oss att vi kan sänka deras hastighet, för fotonen, som alltid är i ständig rörelse, förflyttar sig egentligen alldeles för fort för oss. Fotonen är nämligen det som ljuset består av, de där varma, härliga strålarna som kommer ner mot oss från solen en vacker sommardag. De strålarna består av obegripligt många av dessa små lysande energiknippen, som fått en alldeles egen hastighet uppkallad efter sig, nämligen ljusets hastighet, som är det fortaste forskarna uppmätt i universum. Men den hastigheten kan de bara uppnå i rymden. När de måste ta sig igenom materia av något slag, som luft eller en mängd celler som här inne i hjärnan, går det betydligt långsammare eftersom de hela tiden stöter på en massa atomer som kommer i deras väg. Men även i materia rör de sig ändå alldeles för fort för oss att uppfatta.

Forskarna har även konstaterat något ännu märkligare, och något väldigt viktigt, nämligen att dessa fotoner inte har någon massa. Detta innebär att du aldrig kan fånga en foton, vare sig det är en solstråle du önskar hålla kvar i din hand, eller de fotoner som skapas i din kropp. Det går inte att baka in fotoner i ansiktskrämer eller i någon magisk dryck. Fotonen stannar aldrig, och den kan röra sig fritt genom i stort sett all materia, åtminstone tills den möter sitt slutliga öde inuti en atom.

De grundläggande reglerna i Kvantvärlden är något annorlunda än i vår värld. Här kan till exempel vissa av invånarna resa fram och tillbaka i tiden, vilket ju många människor drömmer om. Fotonen, och några andra, kan till och med befinna sig på flera platser samtidigt, vilket är anledningen till att solstrålar aldrig krockar. Om till exempel två bilar (och alla annan materia), skulle köra rakt emot varandra skulle de krocka, med stor skada som följd. Men två fotoner krockar aldrig, även om de är på direkt kollisionskurs. Materia, till skillnad från fotoner, består nämligen av kvarkar och de har inte samma förmåga som fotonerna att vara på olika platser samtidigt. Lite orättvist kan tyckas, men nackdelen för fotonen är att den aldrig kan bli något hållbart, som en sten eller en människa. Den får fara runt i all ensamhet, alldeles eterisk och lysande.

En del av invånarna i Kvantvärlden kan tydligen också ha någon form av märklig kontakt med andra av samma sort, trots att de är långt ifrån varandra, ungefär som vi med våra mobiler, fast de inte har några sådana hjälpmedel. Detta fenomen är något som vissa forskare tror kan vara anledningen till att fåglar kan navigera med hjälp av jordens magnetfält. Och lustigt nog tycks invånarna lite blyga av sig, för om man iakttar dem, beter de sig ibland annorlunda än om de tror sig vara ensamma (ungefär som de flesta människor antar jag).

Och mitt i denna komplexa, men ständigt fascinerande värld, ska vi nu försöka sätta allt i relation till energibegreppet som är poängen med vår resa. Mitokondrien, som vi besökte tidigare, omvandlar den mat du äter och syret du andas till energi åt Cellstadens invånare, så att du kan röra dig, känna och tänka. Och maten du äter kommer, på ett eller annat sätt, från växterna, som inte hade kunnat existera utan fotonerna som kommer från solen och skapar allt levande på vår planet via fotosyntesen. Cirkeln sluts och allt kretsar kring det lilla energiknippet vi kallar foton. Men medan all annan energi i universum i stort sett bara existerar tack vare fotonen, består fotonerna själva bara av ren energi, och uppstår bara ur energiprocesser av olika slag, inklusive den energiprocess som skapar fosfaterna och ATP molekylen vi träffade på tidigare, de som ger näring åt cellstadens invånare.

Låt oss återvända till Kvantvärlden och lära känna vår vän fotonen lite bättre. Du kanske omedvetet tänker dig att den här fotonen, som vi låtsas är ett lysande klot, har ett vitt, eller kanske gulaktigt ljus. Men det är bara ditt omedvetna som associerar ljus med solens strålar och eldens låga. I verkligheten kan ingen foton vara vit. Inte för att färg är något som fotonen själv bryr sig om. Färg är bara en definition vi människor använder för att försöka tolka vår omgivning. Fotonen själv identifieras av mängden energi den bär på, och det beror helt på hur den föddes, vilken energi den fick med sig och om den förlorat energi på vägen.

Men det är inte nog med det, beroende på hur mycket energi fotonen har, så rör den sig olika. För fotonen åker inte bara framåt som ett tråkigt tåg, den liksom ”dansar” och ”flödar” fram på sin märkliga resa. Och olika fotoner ”dansar” till olika ”rytmer”, eller frekvenser som fysikerna kallar det, beroende på hur mycket energi den har i sig. Det fascinerande är att beroende på vilken ”takt” fotonen ”dansar” till kommer vår hjärna att tolka det som olika färger.

Det vi upplever som det vita ljuset från solen eller glödlampor, är en mängd olika fotoner med olika färger (frekvenser) som blandas till en helhet som vi upplever som vit. Men varje enskild foton har en egen färg, beroende på hur mycket energi den har. Exakt vilken färg fotonen framför oss har är svårt att säga, men låt oss låtsas att den är grön. Det innebär att den vibrerar långsammare än till exempel en lila foton, men snabbare än röda.

Men om vi nu återvänder till vår magiska farkost, ska den här lilla fotonen vi nu har slagit följe med genomgå något märkligt. Vi har kommit fram till en atom som ligger i vägen för vår foton. Atomen kan beskrivas som en kärna av protoner och neutroner, som är omgärdade av lika många elektroner som protoner. På bilderna man ser i läroböcker om fysik, snurrar elektronen lydigt runt kärnan i ordnade former. Tyvärr upptäckte jag vid närmare studier att jag blivit helt lurad av denna hanterliga enkelhet. Kvantvärlden är allt annat än enkel, och elektronen är en klurig liten rackare.

Den "enklaste" beskrivningen av elektronen jag funnit i texter som försöker hålla sig hyfsat nära sanningen är att atomens kärna är omgiven av ett "moln av elektroner". Det går tydligen inte att säga exakt var en elektron befinner sig, fysiker pratar bara om sannolikheter. Elektronerna är precis som fotonerna både partiklar och vågor samtidigt och det går inte att definiera dem som en viss form. Men till skillnad från fotonen, som gärna rör sig över hela vårt universum, rör sig elektronerna helst inte särskilt långt från sina kompisar i atomkärnan.

Men för att jag ska ha en chans att förklara vad som händer med vår vän fotonen, så får vi låtsas att elektronen har en form vi kan uppfatta, och jag har valt att föreställa mig den som en svart liten boll, som motsats till vår ljusa, genomskinliga foton. Till skillnad från fotonen har elektronen nämligen en viss massa, och därför tycker jag att vi kan fantisera ihop att den är som en ogenomskinlig boll. Men bollen är inte fast och hård, utan mer som en elastisk gummiboll, som kan anta lite olika former beroende på hur den känner sig. Denna boll får vi låtsas att vi kan se då och då i detta "moln" som omger atomens kärna, en kärna som

för övrigt är förvånansvärt liten i förhållande till själva
"molnet". I en väteatom, till exempel, är "molnet" där ato-
mens enda elektron existerar, hundratusen gånger så stor
som själva atomkärnan.

Eftersom fotonen inte har en egen hjärna, och därför
inte kan navigera så bra, även om den har vissa kvantme-
kaniska verktyg att tillgå för att till exempel hitta snabbaste
vägen runt ett problem, händer det titt som tätt att fotonen
hamnar rakt in i ett av dessa "elektronmoln". Men det är
inte alls säkert att den kommer träffas av en elektron. Det
kan mycket väl vara så att den snabbt rusar igenom hela
atomen och kommer ut på andra sidan utan att något in-
träffat. Men just vår foton har inte sådan tur och när den
svarta "elektronbollen" träffa fotonen händer något kons-
tigt.

Elektronen sätter nämligen igång och "mumsar i sig"
vår lilla foton, och blir alldeles exalterad av att få i sig så
mycket ny energi att den spritter iväg till en ny, högre bana
runt atomkärnan. För även om elektronerna kan vara
varsomhelst i "molnet", håller de sig tydligen kring en viss
bana. När den nu fått extra energi av fotonen, hoppar den
antingen upp en bana i själva atomen, eller så kan den till
och med lämna atomen helt och fara iväg på andra äventyr
och träffa nya kompisar i andra atomer. Detta kan förändra
atomen i grunden, och ibland ge upphov till det vi kallar
elektricitet.

Men just den här elektronen inser dock att den nog
hade det bäst där den var, och efter att ha farit runt en
stund i den högre banan, åker den tillbaka ner till sig igen,
och spottar då ut vår foton. För en människa kan kanske
den metafysiska frågan om det då är samma foton som

kommer ut igen, eller en helt ny, kännas relevant. För fotonen själv spelar det ingen roll. Den fortsätter vidare på sin resa in i nästa atom, och nästa, tills den inte längre har någon energi kvar.

I vår magiska farkost kan vi se en mängd fotoner genomgå samma förändring när de reser igenom Kvantvärldens uppsjö av "elektronmoln" och atomkärnor som bygger upp materian i hjärncellen vi befinner oss i. Och trots att vi låtsas att vi kan göra att tiden går långsammare så att vi kan se de snabba fotonerna fara förbi, kommer vissa vara snabbare än andra. Ett exempel på fotoner som "dansar" väldigt fort, och i verkligheten är osynlig för oss, är gammastrålning. Fysiker skulle säga att gammastrålning består av hög-energi fotoner som har en extremt hög frekvens. De uppstår ofta ute i rymden, men på jorden kan de skapas i samband med kärnvapenexplosioner, eller som till exempel vid härdsmältan i kärnkraftverket i Fukushima 2011. De fotonerna som då släpptes lös på Japans invånare vibrerade så snabbt att dina celler skulle förstöras helt och du skulle dö, om du stod i vägen för tillräckligt många av dem.

Men även om man ska ha stor respekt för fotonen och de risker det kan föra med sig att missbruka deras inneboende kraft, är de flesta fotonerna väldigt snälla. De är dessutom mycket användbara, inte bara för att vi kan skaffa mat på bordet tack vare fotosyntesen, och hjälpa oss se vart vi går tack vare ljuset. Fysiker och ingenjörer har sedan några århundraden tillbaka hittat allt mer invecklade sätt för oss människor att ta dessa vibrerande och "dansande" fotoner i vår tjänst. Det är till exempel fotonernas rörelse som värmer din mat i mikrovågsugnen, och som rusar ut från din mobil när du ringer eller skickar ett sms, för att sedan, via basstationer, skickas vidare till den du ringer eller skickat meddelandet till. Inte illa för ett så väldigt litet energiknippe!

Fotonens liv är minst sagt spännande och dess livslängd är helt beroende på var och hur den föds. En foton som till exempel föds inuti solen kan ta alltifrån hundratusen till en miljon år på sig att kämpa sig igenom solens täta massa. Väl utanför solens yta rör den sig betydligt fortare, med ljusets hastighet för att vara exakt. Då tar det ungefär åtta minuter för att den ska nå jorden, och möjligen lite till innan den kanske når dina ögon. När den åkt in i dina ögon möter den för det mesta sitt slutliga öde i näthinnan, där den lämnar kvar sin energi och på så sätt förmedlar information om din omgivning till din hjärna, innan den upphör att existera. Vissa fotoner slutar sitt liv mot din hud, där de ger energi åt speciella celler som då kan producera D-vitamin, som vi alla behöver för att må bra. Men av solens alla fotoner fortsätter de flesta ut i universum på resor som kan, i teorin i alla fall, vara in i evigheten, eller åtminstone tills de möter någon form av materia som de absorberas av.

Det finns olika sätt att mäta dessa fotoner. Till exempel kan man med speciella kameror upptäcka den värmestrålning som är ett resultat av fotonens energi. Som vi alla vet är solens strålar varma, och det beror på att fotonens interaktion med andra partiklar avsöndrar det vi kallar värme. En värme man kan fokusera och använda i till exempel olika typer av laser. Det finns också det som kallas elektromagnetiska strålning, som också går att mäta och där fotonens vågfunktion ger sig till känna.

Men fotoner uppstår inte bara i solen, även om det är den största fotonskapare i vår galax, något den har gemensamt med alla stjärnor i universum. Fotoner uppstår i alla energiskapande processer och finns i praktiken i all form av materia. Och därmed har vi nått slutdestinationen på resan. Våra egna kroppar producerar massor av dessa små fotoner, bland annat i Mitokondrien. Och det är just detta som skapar det energifält vi genererar, det som kallas elektromagnetisk strålning. Och det är även den energin som jag bygger mitt resonemang på.

Av alla spännande invånare i Kvantvärlden är det fotonen som har hittat en speciell plats i mitt hjärta. Fotonerna är ett fascinerande fenomen och utan deras existens, och deras ständiga rörelse och interaktion med de övriga invånarna här i Kvantvärlden, skulle inte universum existera, åtminstone inte i den form den har nu. Med fotonens hjälp har universum byggt all materia, och skapat allt liv. Allt som växer och rör sig här på jorden och i resten av universum interagerar på ett eller annat sätt med fotoner. Detta är ett vedertaget, vetenskapligt faktum.

Men nu kommer vi röra oss mot mer osäker mark. Medan vi följer efter vår lilla fotonvän ut ur Evas hjärna och tillbaka till den stora, vida världen utanför, lämnar vi den etablerade vetenskapen och jag kommer nu börja göra mina antaganden. Framtiden får utvisa hur stor del av mina antaganden som faktiskt går att bevisa. Men med tanke på hur dåliga våra vänner i Kvantvärlden är på att samarbeta, är det inte säkert att konkreta bevis eller motbevis kommer att kunna åstadkommas i min livstid.

Kapitel 7
Introduktion till mina antaganden

Efter vår lilla rundtur i Cellstaden och Kvantvärlden vet vi nu att ordet energi inte är så enkelt som man kanske skulle vilja tro. Visst får dina celler energi av maten du äter, men systemet som styr energin i cellen är komplicerat och mängden energi du har är beroende av fler faktorer än bara ditt näringsintag. Antalet mitokondrier i cellen påverkar mängden ATP som kan produceras, som i sin tur påverkar energin som cellens invånare kan använda. Men det är väldigt komplexa mekanismer som styr hur många mitokondrier en cell skapar sig, och även om det finns mängder av ATP som far runt med sina fosfater, är det betydelselöst om det inte finns proteiner som kan utföra arbete. Vilka proteiner som ska produceras bestäms av lika komplicerade processer i cellen och i cellens omgivning, och påverkas av otaliga interna och externa faktorer. Det är kort och gott väldigt komplicerat och även med dagens moderna tekniker är det mycket som forskarna ännu inte kunnat förklara, och säkert ännu mer som vi inte ens vet att vi borde försöka förstå.

Men vad betyder då energi när vi pratar om utstrålning och karisma? Har personer med karisma mer ATP? Och hur kan jag som betraktare veta det? Och vad är det vi bedömer när vi säger att någon har stark utstrålning, eller positiva energier?

Anledningen till att jag valde att kalla detta för just *energiprojektion*, är för att förtydliga att det jag pratar om är i huvudsak den energi som aktivt projiceras ut från din kropp, inte nödvändigtvis den totala mängd energi som produceras i din kropp, även om det naturligtvis hänger ihop. Energi i det här sammanhanget blir alltså de fotoner som uppstår av den produktion av energi som skapas i främst dina hjärnceller, som sedan lämnar din kropp i form av elektromagnetisk strålning och förstärks genom en aktiv fokusering.

För det mesta handlar det om ATP produktionen i mitokondrien, men för nervceller som kommunicerar med elektriska signaler måste man även ta hänsyn till de fotoner som är ett resultat av den elektriska energin som då produceras.

Jag är förstås inte den första som funderat över dessa fenomen, och det finns bland annat en del vetenskapliga teorier kring ett begrepp som kallas "biofoton", vars existens och betydelse en del forskare länge har försökt bevisa. Man har lagt ordet *bio* framför ordet *foton* för att indikera att fotonen man studerar har ursprung i biologisk materia.

Men idén har varit att de fotoner som uppstår ur våra biologiska energiprocesser faktiskt går att isolera från alla andra fotoner vi omges av och därmed också går att mäta. Detta skulle då, teoretiskt, kunna användas som diagnostiseringsverktyg vid exempelvis cancer och andra sjukdomar, något som bland annat ett japanskt forskningsteam studerade i samband med cancerforskning, (Ohuchi, Noriaki et al, 2004, "Biophoton detection as a novel technique for cancer imaging")[iv]. Det finns även en intressant kanadensisk studie som hävdar att det går att visa en viss skillnad på biofotonströmmarna, beroende på vad försökspersonen föreställer sig med hjälp av visualisering (Dotta, B.T.; et al., April 2012, "Increased photon emission from the head [...])"[v].

Men det finns ännu inte tillräckligt med forskning på området för att kunna säga något med säkerhet. Och jag känner mig manad, med tanke på alla oseriösa säljare och bedragare därute, att påpeka att några mirakelkurer med "biofotoner" inte kommer göra dig magiskt frisk, med annat än möjligen placeboeffekter. Fotonen, som vi redan konstaterat, går inte att fånga på vare sig burk eller flaska, och de fotoner som våra celler genererar har alldeles för lite energi för att kunna påverka till exempel en cancercell, varför idéer om healing för att bota cancer ligger långt bortom all rimlighet.

Dock används redan fotoner för att behandla cancer; exempelvis laser, som ju är en artificiellt fokuserad "stråle" av fotoner som kan bränna sönder det cancerceller man vill ta död på. Man använder också strålning, som är väldigt energirika fotoner som används i kontrollerad form för att döda skadliga celler. Men samtliga former av behandling kräver en maskin som skapar och kontrollerar flödet av fotoner, något våra kroppar inte är skapade för.

Det finns ett nytt och spännande ämne som kallas kvantbiolog, som syftar till att försöka överbrygga informationsgapet mellan just kvantfysik och biolog. Detta samarbete öppnar upp för djupare förståelse av så spännande, och skilda ämnen som fotosyntesens komplexa funktioner, hur enzymer använder kvanteffekter för att fungera, och hur fåglar och andra djur lyckas navigera med hjälp av jordens magnetfält. Kvantbiologin är fortfarande i sin linda, men det är i detta gränsland mellan de olika vetenskaperna jag tror mycket spännande forskning kommer äga rum framöver.

Det är ett vetenskapligt faktum att våra celler producerar energi och att den energin resulterar i värmestrålning och elektromagnetisk strålning. Det är däremot ännu inte bevisat i vilken utsträckning denna form av strålning kan ha på omgivningen. Enligt gällande vetenskaplig praxis är denna strålning för svag för att ha någon som helst extern effekt på omgivningen, och det finns, mig veterligen ännu ingen konkret, verifierbar forskning som bevisar motsatsen. Därför lämnar jag här den accepterade vetenskapliga sanningen för att teoretisera kring ett annat perspektiv.

Kapitel 8
Antaganden

För att kunna diskutera energi i mänsklig kommunikation behöver man försöka definiera vad det är man pratar om. Jag har därför gjort ett antal antaganden som jag främst utvecklat utifrån observationer och analyser av både offentliga personer och personer jag mött i olika situationer. Jag har även tagit del av vad forskare och andra har diskuterat och resonerat kring i ämnet, och försökt lära mig av det.

Jag har velat förhålla mig så neutral som möjligt till vad som är rimligt och koncentrera mig på vad som känns teoretiskt möjligt. Jag har ju tyvärr inte haft så mycket konkret forskning att vila på, men jag har teoretiserat en del kring hur några av mina antaganden eventuellt skulle kunna bevisas, för att skapa en bild av hur jag resonerar.

Dessa antaganden ligger sedan till grund för de konkreta projektioner jag kommer ta upp i nästa kapitel, där jag försökt ta diskussionen ut i verkligheten, och skapa en så detaljerad grund som möjligt kring det jag definierat som energiprojektion.

Antaganden:

1. Först och främst antar jag att vår hjärna har förmågan att **förnimma** de fotoner som våra celler genererar, och tolka och analysera dem på ett sätt som blir begripligt för vår psykologiska förståelse av varandra.

2. Jag antar även att dessa fotoner som vi projicerar, åtminstone till viss del lämnar våra kroppar i ett specifikt **mönster**, som är direkt kopplat till cellernas aktivitetsmönster och därmed går att tolka.

3. Jag antar att det finns en mekanism som gör att man kan fokusera den neurologiska kapaciteten, alltså **projicera** energin, medvetet eller omedvetet.

4. Jag utgår även ifrån att mängden energi (och här menar jag ATP) kan variera mellan individer, där vissa har högre **energinivåer** än andra, och att det även kan variera inom samma individs livstid, beroende på sjukdom etc.

5. Jag gör också antagandet att det är **evolutionen** som gett oss förmågan att utföra dessa energiprojektioner samt förnimma dem på ett sätt som gör dem begripliga.

Antagande 1. Förnimma

De fotoner som bildas av våra cellers energiproduktion är
så svaga att det är lätt att förstå varför fysiker och andra
experter är övertygade om att vi inte borde kunna uppfatta
dem. Den elektromagnetiska strålning som vår kropp ge-
nererar, eller de strömmar av fotoner som denna något
komplicerade term innebär, är till och med för svag för att
de flesta instrument ska kunna differentiera den.

Men jag anser att det faktum att våra sinnen så ofta
uppvisar betydligt högre kapacitet än vi tror, räcker för att
teoretisera kring möjligheten att de faktiskt kan registrera
mer än vad vetenskapen anser möjligt. Man har till exempel
under senare år studerat individer som är blinda men som
utvecklat en typ av ekolod, som fungerar på samma sätt
som fladdermössens, *(Thaler, L.; Arnot, S.R.; Goodale, M.A (2011).*
"Neural correlates of natural human echolocation [...])[vi]. Detta är
dock inget som människor normalt använder sig av, utan
en speciell förmåga personer utvecklat för att ersätta ett
sinne de inte kan använda.

De som tränar sina sinnen för olika uppgifter, genom
meditation eller mental träning, lyckas ofta förstärka dem
bortom vad man initialt trott möjligt. Det finns därför, i
min mening, en grund för att anta att vår hjärna har en
högre förmåga att processa information än vad som hittills
har klarlagts av vetenskapen.

Det är denna potential som jag har antagit att naturen
gjort tillgänglig för oss när det gäller att processa den in-
formation som kan förmedlas via den energi vi utstrålar.
Men eftersom fotonerna vi avger är så svaga, är det osan-
nolikt att det enbart är synbarken i hjärnan som är helt an-
svarig för att analysera och tolka dessa energiprojektioner.

Själv kan jag inte säga att jag "ser" projektionerna, jag upplever det snarare som en blandning av de olika sinnena, därför har jag valt att använda ordet *förnimma*. Med det menar jag att det troligen krävs en ackumulerad bedömning av olika sinnen, såsom syn, hörsel, och känsel, för att hjärnan ska ha möjlighet att göra informationen användbar.

Men eftersom effekterna är så oerhört små, blir hjärnans bearbetning av informationen för det mesta omedveten, och läggs till en samlad bedömning av situationen, där även personens kroppsspråk och sammanhanget tas med i beräkningen. Därför är vi sällan aktivt medvetna om det, om man inte medvetandegör processen. Men jag är övertygad om att många fenomen, som till exempel det vi kallar "magkänsla", har sitt ursprung i dessa förnimmelser. Känslan av att något är fel kan många gånger vara stark, utan att man direkt kan tillskriva några konkreta anledningar till den känslan. Att då kunna medvetandegöra vad det är man reagerat på kan vara oerhört viktigt, vilket är en av anledningarna till att jag upplever det så nödvändigt att skapa en diskussion kring ämnet.

Jag har länge funderat över exakt vad det är som hjärnan processar, och min slutsats är att det är en kombination av fysiska fenomen och en psykologisk funktion. Dels tror jag fotonens interaktion med sin omgivning faktiskt kan skapa en förnimmelse av att något förändrats kring den som projicerar, dels att våra cellers högre aktivitet vid starka känslor förstärker denna effekt och gör den förnimbar.

Exakt hur långt ut från vår kropp denna effekt skulle kunna förnimmas är svårt att veta, men det skulle kunna förklara uttryck som "luften vibrerar av känslor", som ofta används i dagligt tal. De som använder uttrycket tycks syfta på en förnimmelse av starka känslor som uppstått i olika situationer, något som teoretiskt skulle kunna orsakas av cellernas högre aktivitet, vilket skulle orsaka fler fotoner och därmed en högre energinivå, om än högst marginellt.

Jag anser också att det är möjligt att denna effekt kan transporteras över ett visst avstånd, om inget annat är i vägen, vilket skulle kunna förklara de känsloförnimmelser som ibland rapporteras från till exempel teaterns värld. Där förmedlas skådespelarens skapade känsla långt ut bland publiken. Men framtiden får utvisa om det är så att det är en energieffekt som genereras med hjälp av publiken eller enbart orsakas av den person eller de personer som står på scenen. Jag tänker mig att energin antingen kan flöda från person till person i publiken som en sorts kedjereaktion, och därmed får en ackumulativ effekt som förstärker de projektioner som lämnat scenen. Eller så är det enbart den energi som en enskild skådespelare, föreläsare, artister eller dylikt, skapar som lämnar scenen och förnimms av publiken. Själv tror jag mer på den ackumulerande effekten av energi, och att det är ett sådant fenomen som gör att energin många gånger kan upplevas som väldigt stark under exempelvis en konsert eller teaterföreställning. Men det krävs forskning för att avgöra vilken av teorierna som är korrekt. Det kan förstås också vara en kombination av båda.

Jag har även antagit att de fotonströmmar som skapas av våra celler kan förändra upplevelsen av omgivningen, naturligtvis beroende på omgivningens ljus och temperatur och mängden kläder individen har på sig. Men om vi antar att två personer står med normal mängd kläder i ett normalvarmt vardagsrum, och en av personerna exempelvis har en stark centrerad projektion åt ett visst håll, kanske en gömd älskare i garderoben, blir det också något "ljusare", eller "varmare" i den riktningen. Jag använder citationstecken eftersom begreppen är relativa, och jag tvivlar på att det går att mäta med dagens instrument, men för den observanta betraktaren är jag övertygad om att skillnaden är förnimbar.

Den psykologiska funktionen påverkar förstås vår hjärnas tolkning av det som förnims. Om vi tar som exempel en person som upplever ett negativt sinnestillstånd, personen är arg eller upprörd över något, och denna starka känsla riktas mot betraktaren, kommer detta att påverka personen både fysiskt och psykiskt. Och även om utövaren inte förmedlar sina negativa känslor verbalt, kan betraktaren ofta ändå förnimma de negativa projektionerna, något som till exempel kan ta sig uttryck i att omgivningen upplevs som "kallare" som ett resultat av utövarens negativa känslor. Det kan även upplevas som "vasst" eller "hårt".

Det är dock inte sannolikt att fotonerna själva sänker temperaturen, eller skapar något som är vasst och hårt, utan snarare är det betraktarens egen psykologiska tolkning av utövarens specifika projektioner, som betraktaren lärt sig tolka som negativa. Detta triggar stresshormoner hos betraktaren som förändrar kroppens blodflöde etc. för att förbereda för den evolutionärt så viktiga "fight or flight" responsen. Kylan man upplever kan då alltså vara den egna kroppens förändringar, inte atmosfären runt omkring. Detta gör det dock inte mindre intressant, betraktaren har ju trots allt reagerat på något, och förmågan att korrekt tolka situationen kan vara avgörande för utgången.

Det är också intressant att teoretisera kring hur vår hjärna uppfattar förnimmelsefunktionen. Min egen hjärna tolkar till exempel ofta energiprojektioner som ljud, och då är det en traditionell tolkning den använder, där ett dovt ljud upplevs som negativt eller rent av ondskefullt, medan en högre tonart representerar en mer positiv och glädjefylld känsla.

Jag vet inte huruvida det faktiskt är så att projektionerna kan orsaka en viss vibration i omgivningen som min hjärna kan uppleva som ljud, eller om det är vibrationer som plockas upp av känselcellerna i min hud och sedan översätts till upplevelse av ljud. Eller om det helt enkelt är en fabricering min hjärna gör för att kunna tolka och analysera den information den mottagit, och göra informationen någorlunda begriplig för mitt medvetande.

Men det är fascinerande att ljud så ofta tolkas som olika känslolägen beroende på tonart etc., och man kan spekulera i om det kanske är så att det är dessa energiprojektioner som en gång i tiden orsakat våra tolkningar av ljud generellt och som sedan återskapats med olika instrument genom årtusendena.

Det är också fascinerande att det finns människor som uppger att de förnimmer projektionerna som färger. Själv kan jag inte påstå att min hjärna särskilt ofta tolkar energiprojektioner i färger, även om det har hänt. Men jag är å andra sidan mer van att använda hörseln eftersom min syn inte är den bästa. Kanske är tolkandet av energiprojektioner helt individuellt beroende på personen som förnimmer det. Eftersom informationen är så svag och hjärnan inte har så mycket att jobba med, är det inte helt osannolikt att den helt enkelt gör det bästa av den lilla information den får.

Antagande 2. Mönster

Mina fallstudier och analyser indikerar inte bara att vi kan förnimma dessa oerhört svaga fotoner, jag hävdar också att vi kan uppfatta ett mönster som går att tolka, som till exempel en känsla. Den energi i form av ATP som cellerna i vår hjärna använder för att generera en känsla, är samma energi som skapar fotonerna. Och jag anser att det vore logiskt att anta att fotonerna då lämnar kroppen i ungefär samma mönster som de uppstod i, alltså grundat i den neurologiska struktur som skapade känslan till att börja med. När dina hjärnceller bygger upp känsla av exempelvis glädje för att du just upplevt något roligt, aktiveras specifika områden i din hjärna, och de fotoner som de hjärncellerna producerar som ett resultat av den känslan, blir då ett mönster av fotoner som representerar just den känsla eller grupper av känslor. Dessa kan sedan fokuseras till att bli det jag kallar projektioner.

Eftersom en känsla aldrig uppstår helt ensam i vår komplicerade hjärna, och de intentioner vi har aldrig existerar i isolering, kommer heller aldrig en projektion helt ensam. Detta innebär att det vi förnimmer oftast består av olika mönster i samspel, mönster som kan vara komplicerade att tolka, men som jag upplever betraktaren kan lära sig identifiera och analysera.

Låt oss ta ett exempel: säg att vi träffar en vän på fika som just gått och blivit jättekär. Vi som sitter mittemot kommer redan från början översköljas av de fotonströmmar som påbörjat sin resa i vår väns hjärna, och vi kommer kunna tolka en mängd olika känslor innan personen ens hunnit börja berätta. De allra flesta människor kommer kunna förnimma glädjen hos vännen långt innan vi får den verbala förklaringen till det vi förnimmer. Vi kan också uppfatta eventuella underliggande mönster av tvekan, om vår vän blivit sviken tidigare. Känner vi personen väl kommer vi förstå, utan att ord behöver användas.

Starka känslor och specifika upplevelser som upptar en stor del av vår hjärnaktivitet kommer vara lättare att tolka och uppfatta än vardagliga händelser. Om vår vän inte hade varit kär vid fikat utan bara lagom nöjd med sin dag, skulle vi troligen inte ha reagerat på energierna över huvud taget. Vardagliga energimönster är ofta för otydliga för att tolkas.

Projektioner är heller inte särskilt vanligt. Normalt är vi inte fokuserade på att just projicera våra känslor så att andra ska förstå dem, vi människor använder helst vårt verbala språk. Det är ett av huvudskälen till att jag använder mig av skådespelare när jag försöker analysera energiprojektion. Deras jobb är att reducera det alldagliga och fokusera på det som är relevant för karaktären i den specifika scenen. Skillnaden på en bra skådespelare och en sämre, är förmågan att just hitta och förmedla de många olika nyanser av känslor och upplevelser som en människa kan ha inför alla olika situationer vi ställs inför.

Men om känslorna är tillräckligt starka och om exempelvis vår förälskade vän är angelägen att förmedla sina upplevelser, då blir energin och mönstren som den förmedlar, tydligare och mer fokuserad. Det jag har antagit är att vår hjärna har lärt sig att tolka vissa av de mönster som är just förstärkta av olika skäl, och att det har blivit en del av vår arts sätt att kommunicera, tillsammans med tolkandet av kroppsspråk och det verbala språket.

Men jag menar absolut inte att man kan använda energiprojektion för att läsa tankar. En tanke är något mycket komplext som aktiverar många delar av hjärnan, och att avläsa skillnaden på om du funderar över vad du ska äta till middag eller om du behöver handla ett par nya byxor, är omöjligt. De mönster jag tycker mig förnimma är snarare generella känslotillstånd, allmänmänskliga upplevelser som förmedlar något relativt primitivt. Det är därför jag hela tiden återkommer till starka känslor, eftersom det är dessa jag anser skapar den fokusering som krävs för att fotonmönstret ska kunna identifieras och tolkas.

Även mer vardagliga upplevelser skapar förstås också energimönster, men det är lättare att identifiera någon som har starka, fokuserade känslor som är lätta att känna igen sig i, än att avgöra vad en person funderar över när man står i kön till mataffären. Känslor är allmängiltiga och därför lättare att lära sig tolka. De är också viktigare att kunna uppfatta än mer vardagliga upplevelser. Om någon vi möter är arg kan det vara viktigt att snabbt identifiera detta om personen då eventuellt innebär ett hot.

Och medan vi aldrig är begränsade i de ord vi använder, kommer den energi som skapas alltid lyda den neurologiska grund de uppstår i. Jag skulle till exempel kunna säga att jag är glad även fast jag är ledsen. Det är det verbala språkets stora nackdel. Men det energimönster som skapas av känslan av sorg eller rädsla är svår att misstolka som glädje. Detta skulle till exempel kunna innebära att lögner är lättare att genomskåda om betraktaren analyserar energiprojektionen snarare än det som personen uttrycker verbalt.

Min gissning är att detta är en del i varför vissa uppger en "magkänsla" som säger något annat än vad som kan uppfattas av vad motparten säger. Hjärnan har helt enkelt identifierat en diskrepans mellan den energi man förnimmer och den verbala kommunikation som motpartnern förmedlar. Lögner går förstås också att identifiera genom vissa automatiska funktioner i kroppsspråket. Men jag skulle säga att energier är mycket svårare att kontrollera och förvanska. Det gäller förstås att betraktaren tolkar sina förnimmelser korrekt, vilket är en hel vetenskap i sig.

Teoretiskt sett går det förstås att skapa och projicera "falska" känslor, det är hela grunden i skådespelaryrket, till exempel. Men även om man kan generera en neurologisk upplevelse av exempelvis sorg som av betraktaren upplevs som trovärdig, är det svårt att gör om man har egna starka känslor som motsäger det man vill förmedla. Om en skådespelare är väldigt ledsen men ska spela glad, blir det ofta en annan typ av energimönster som förmedlas än det som en eventuell manusförfattare avsett. Det är därför jag har antagit att det är svårt att helt "ljuga" med energi.

Men om vi skulle försöka oss på att bevisa detta antagande på empirisk väg, skulle vi först behöva mäta alla de fotoner som lämnar vår försöksperson en och en, vilket i och för sig vore teoretiskt möjligt med hjälp av fotondetektorer. Men sedan måste vi få en väldigt kraftfull dator att analysera alla dessa fotoner i det mönster som de lämnar kroppen. Sedan måste datorn identifiera det mönster som hör ihop med den känsla försökspersonen har vid mättillfället.

Sedan måste vi göra om det med otaliga försökspersoner för att kunna bevisa att det är liknande projektioner vid liknande känslor. Vi måste även försöka få dessa försökspersoner att känna exakt samma känsla på beställning, och eftersom fotonerströmmar är så svaga måste känslan vara ganska kraftig för att fungera, vilket ställer till det ur ett etiskt perspektiv. Här skulle i och för sig skådespelare teoretiskt kunna fungera som försökspersoner, eftersom återskapandet av känslor är deras yrke, även om vissa lyckas bättre än andra.

Allt detta vore svårt nog även med dagens avancerade teknik; att påstå att vår hjärna gör detta regelbundet, och dessutom kanske till och med har gjort det i miljontals år, och att vi inte är den enda djurart som gör det, skulle säkerligen få de flesta att avfärda detta redan nu. Jag har själv gjort det, många gånger. Men så händer något i mitt liv som gör att energi återigen blir ett begrepp jag inte kan undvika, och jag återkommer till dessa, högst osannolika antaganden, utan att hitta någon annan förklaringsmodell.

Antagande 3. Projicera

Utöver att jag antagit att vi kan förnimma mönster av fotoner, har jag också antagit att det finns en projiceringsfunktion. Med det menar jag att det till viss del går att fokusera och projicera den energi vår hjärna producerar. Det betyder dock inte att någon kan styra själva fotonerna. De fotonströmmar som produceras av våra celler kommer att lämna vår kropp vare sig vi vill eller inte och går inte att styra.

Det jag menar är att när en individ upplever, eller artificiellt skapar, till exempel en stark känsla, och denna neurologiska aktivitet resulterar i att en mängd fotoner lämnar kroppen i ett specifikt mönster, då finns det en psykologisk mekanism som gör att vissa kan förstärka och fokusera det naturliga flödet av fotoner.

Detta blir viktigt om exempelvis en skådespelare vill förmedla en känsla eller upplevelse till en publik. Då måste personen projicera den önskade känslan så att den resonerar hos publiken. Om personen misslyckas med detta tappar publiken snabbt intresset, och avsikten med framträdandet går förlorad. Denna princip gäller även för till exempel en politiker som behöver sälja in en ideologi, eller någon som vill förföra en person.

Den psykologisk funktion som är kopplat till detta fenomen har jag antagit grundar sig i det som kallas mental visualisering, som jag tar upp mer om i kapitel 11. Vi vet ännu så oerhört lite om hur hjärnan fungerar, men jag utgår ifrån att det finns en mekanism, som uppstått av evolutionära skäl, som ger oss möjlighet att anpassa våra projektioner till vår fördel, som exempelvis vid förförelse. Denna funktion tycks fungera bäst när känslorna är starka, eller om individen är väldigt motiverad att förmedla något. Och ju mer energi man har desto tydligare blir projektionen och därmed också omgivningens feedback.

Men ska man bli riktigt bra, och vill kunna kontrollera projektionerna, krävs mycket övning. Det hjälper också om man har en god självkännedom, och kan maximera sin hjärnas potential. Om man är omedveten om sina projektioner kan man lätt förmedla sådant som är till ens egen nackdel, såsom känslor man helst vill dölja. I vissa fall kan individer till och med ha projektioner som skapar direkt obehag hos omgivningen, något som ofta orsakas av mental ohälsa, och kan ha en negativ inverkan på ens möjligheter i karriären eller privatlivet.

Det fascinerar mig att det finns vissa som är väldigt bra på att styra sina energiprojektioner, medan andra inte tycks kunna projicera alls, eller bara ibland. Som exemplet med Simon Baker som ibland lyckas väldigt bra med att projicera sin energi medan han vid andra tillfällen misslyckas helt. Det faktum att det generellt är betydligt fler som misslyckas än lyckas, indikerar det komplexa i att kunna styra sina projektioner. Det blir extra tydligt för skådespelare, men fenomenet gäller alla yrken jag har iakttagit.

Jag menar förstås inte att det finns människor som inte utstrålar fotoner. Men vissa tycks helt enkelt vara bättre rustade för att fokusera sina fotonströmmar, och lyckas hitta sätt att använda det på ett mycket imponerande sätt.

Men det är inte nödvändigtvis ett problem att inte kunna projicera sin energi, det är inte så många yrken eller situationer som kräver en skicklig energiprojektion. Men för vissa yrken skulle jag säga att det är avgörande, framför allt de yrken där relationen till andra i omgivning är själva poängen, och artister av olika slag är de tydligaste exemplen. Men även yrkeskategorier som till exempel chefer, läkare, poliser, politiker, lärare och säljare kan behöva använda energiprojektioner för att vara effektiva i sitt yrke, något jag går in på mer senare.

Att fokusera sina energier verkar dock kosta en hel del energi, rimligen är det en extra nivå av ansträngning att projicera, varför man bör vara försiktig med hur och när man använder det. Det finns risker kopplat till alltför slentrianmässigt användande och utarmande av de energier vi har att tillgå, risker jag går igenom mer i sista kapitlet.

Men eftersom det kostar att hålla projektionsmönster kan det vara bra att veta att man inte behöver, och i vissa fall inte bör, hålla samma mönster under exempelvis en hel konsert eller föreläsning. Variation är viktigt eftersom våra hjärnor snabbt vänjer sig vid en specifik upplevelse och antingen vill att den förstärks eller förändras, för att vi ska upprätthålla den känsla som utövaren önskar. Detta är kanske extra viktigt för artister, föreläsare eller politiker under en debatt, personer som ska hålla sig på en relativt begränsad yta och utföra ungefär samma sak, vare sig de sjunger eller talar.

Jag har framför allt noterat att de sångare som håller i längden, de som spelat i sina respektive band i årtionden, sällan håller ett och samma projektionsmönster under en hel konsert. Det är snarare ett misstag nya artister gör. Det är bättre att låta energin, och därmed också fokus ut mot publiken, variera. Då skapas en känsla av att man upplever något nytt med jämna mellanrum, och upplevelsen blir paradoxalt nog starkare. Det kanske kan liknas vid skillnaden mellan att köra en bil rakt fram på en motorväg i timmar, eller åka en bergochdalbana. Ett monotont projektionsmönster skapar aldrig den känsla av upprymdhet som man eftersträvar när man går på till exempel en konsert.

Hos de som lyckas hitta den projiceringsmekanism som låter oss styra våra energier kan det bli en oerhörd fördel, eftersom vi människor tycks vara programmerade att reagera på detta och då ge den som projicerar en hel del makt över oss. Exempelvis en politiker som är skicklig på att skapa den energiprojektion han eller hon vill förmedla, till exempel känslan av styrka, stabilitet och självsäkerhet, kommer ha större chans att vinna val och påverka landets styre. Om individen har goda avsikter kan detta vara positivt för alla; ett enat land bakom en bra ledare gör landet starkt. Men ett enat land bakom en dålig ledare kan däremot orsaka stor skada.

Men den energiprojektion som leder de båda politikerna till makten är densamma, något som både har fascinerat och skrämt mig många gånger. Det faktum att samma tekniker kan ha så olika konsekvenser, gör att åtminstone jag skulle önska att alla vore mer medvetna om vad dessa tekniker kan få oss att känna. Bara för att en person får oss att uppleva dem som starka och stabila, behöver det inte betyda att de faktiskt är det, eller att deras intentioner automatiskt är goda. Precis som en skådespelare kan manipulera våra känslor, kan andra göra detsamma, med samma tekniker.

Det verkar också finnas en psykologisk mekanism som gör vissa mer mottagliga för andras energiprojektioner. Och medan en del personer tycks helt omedvetna om att de är starkt influerade av individer i sin omgivning, lär sig andra att tolka, analysera och i vissa fall blockera projektionerna och därmed får en viss fördel.

Antagande 4. Energinivåer

Alfa-begreppet, som jag började utveckla i och med fallstudien av Russell Crowe, grundar jag på antagandet att vi föds med olika nivåer av energi. Att prata om personer som alfa är något naturligt i vårt språkbruk, även om det inte tycks finnas någon specifikt vetenskaplig definition. Det finns vissa som hänvisar till enbart psykologiska grunder till begreppet; att det är ens psykologiska läggning, huruvida man till exempel är dominant eller extrovert, som avgör om en person ska definieras som alfa. Men detta antagande tycks också innebära att man utgår ifrån att man själv kan välja om man vill bli alfa, och genom olika psykologiska tekniker hitta "alfan" inom sig. Mina observationer har inte hittat något stöd för denna idé, snarare tvärtom. Individer som desperat försöker låtsas vara alfa, uppnår oftare det motsatta.

Det finns även teorier kring huruvida det kan vara hormoner som skapar de beteenden man definierar som alfa, framför allt testosteronet. Men dels skulle det betyda att kvinnor inte kan vara alfa eftersom de inte har testosteron i särskilt hög utsträckning, något jag vet inte stämmer, dels att det borde vara betydligt vanligare med alfahanar eftersom alla män har testosteron, vilket mina observationer inte stödjer. Därför finner jag denna teori relativt osannolik.

Min definition av begreppet alfa bygger däremot på antagandet att det är kroppens totala kapacitet att producera ATP som skapar skillnaden mellan alfa, beta och omega, och att en alfa har en marginellt högre kapacitet att producera ATP, medan omegan har lägst kapacitet. Jag menar att det är den något större mängden fotoner som alfans högre kapacitet att producera ATP genererar, som gör att vi uppfattar en individ som alfa, oavsett kön.

Jag menar inte att denna skillnad skulle påverka de normala kroppsfunktionerna, som hjärta eller lungor, utan bara fungera som en liten extraresurs för de som har alfanivåer. Jag har gjort antagandet att vi föds med dessa skillnader i kapacitet, och då det inte tycks finnas någon ärftlig koppling tycks detta vara lika slumpmässigt som huruvida vi föds som man, kvinna eller något mitt emellan.

Jag utgår även ifrån att det inte är något vi kan ändra i efterhand, även om många tyvärr försöker genom användandet av exempelvis droger och doping, som på kort sikt kan skapa upplevelsen av att ha mer energi. Men jag har också antagit att till exempel sjukdomar, utbrändhet och depression temporärt kan sänka kroppens förmåga att generera energi, och därmed minska fotonströmmarna, vilket ofta uppfattas som att man är svagare. Men om man lyckas åtgärda dessa problem bör systemet återgå till den nivå man tidigare hade. Jag har även utgått ifrån att dessa skillnader har uppstått av evolutionära skäl, något jag kommer gå in på mer i nästa antagande.

För att kunna ha en teori som inkluderar alfa som koncept, måste man även förhålla sig till att naturen inte tycks kunna fungera utan ett spektrum, vilket innebär att för att någon ska kunna vara alfa, måste det också finnas ett mellanskikt av energinivåer, det jag valt att kalla beta och omega. Jag har uppskattat att det är en uppdelning som ligger på runt 10 % alfa, 80 % beta och 10 % omega. Denna uppskattning är en gissning från min sida, men en gissning som baserar sig på mina observationer som säger mig att det inte finns särskilt många alfa eller omega, åtminstone inte som jag förnimmer det.

Men jag menar inte att det är själva fotonerna en alfa projicerar som har mer energi än en betas, utan det är mängden fotoner som ökar och det är detta vi förnimmer, och därmed definierar som alfa. Det har heller inget med intelligens, kreativitet eller produktivitet att göra. Det är mer som skillnaden mellan en dators batteri och dess hårddisk. En alfa har helt enkelt något högre kapacitet på batteriet än en beta, bildligt talat. Den stora majoriteten av mänskligheten har en kapacitet på både batteri och hårddisk som faller inom ramen för medelvärdet av intelligens och energi, det vi upplever som "normala" individer.

Men ibland föds personer med ett extra kraftfullt batteri, men med en normal hårddisk och vi definierar då personen som en normalintelligent alfa. Ibland föds personer med en kraftfull hårddisk som kan prestera mycket, och vi definierar individen som ett geni eller liknande, detta utan att det nödvändigtvis krävs ett kraftfullt batteri. Individen är då fortfarande det jag kallar beta, även om intelligensen är hög. I vissa undantagsfall föds en person med både hög energi och hög intelligens, vilket ofta resulterar i stora kliv framåt vetenskapligt, kulturellt eller politiskt.

Och tyvärr föds i vissa fall individer med hög energinivå men med en intelligens som är lägre än normalt. Dessa individer kan ibland få oproportionerligt mycket utrymme i exempelvis media, eftersom samhället tyvärr automatiskt tycks anta att ett kraftfullt batteri alltid innebär en kraftfull hårddisk, vilket inte stämmer. En alfa kan upplevas som väldigt kraftfull, men detta betyder inte per automatik att intelligensen nödvändigtvis är lika imponerande. Att samhället ofta belönar individer som har hög energinivå är i min mening ett återkommande problem, då en alfa inte alltid är lämplig att idealisera.

Men som alfa kommer individen orka lite mer och kunna dra lite tyngre lass, vilket gör personen väl anpassad för ledarskap, åtminstone ur ett energiperspektiv, något jag antagit är det själva evolutionära syftet. Men ledarskap i dagens komplexa värld kräver naturligtvis betydligt mer än bara mycket energi. En individ med alfanergier kommer dock synas och höras något mer än en beta eller omega, vilket i vissa fall kan räcka för att bli delegerad ett ledarskap, antingen officiellt eller som informell ledare. Men att omgivningen förväntar sig att en alfa ska vilja och kunna leda, kan också vara en nackdel om individen faktiskt inte har vare sig vilja eller kompetens att fungera som ledare.

Alfaenergier är absolut ingen garanti för ett bättre eller mer produktivt liv. Som människor är vi för komplicerade för att allt ska hänga på bara en variabel. En alfa som växer upp i en osund miljö till exempel, har lika hög sannolikhet att falla in i brottets bana som en normal beta, men kommer förstås troligen hamna högre upp i den kriminella hierarkin.

En hög energinivå behöver heller inte vara detsamma som hög aktivitetsgrad. Det finns både extroverta och introverta alfa, precis som i de övriga energinivåerna. Och man ska inte blanda ihop det jag har definierat som alfa med till exempel funktionsnedsättningar som ADHD, där överaktivitet kan vara ett symptom. De kan ofta upplevas av omgivningen som att de har mycket energi, men det är inte nödvändigtvis en högre energinivå, snarare en onormalt hög aktivitetsnivå som ett resultat av att individen har en kemisk eller neurologisk obalans i hjärnan. Detta resulterar ofta i att andra funktioner blir "berövade" på energi och inte fungerar optimalt, vilket är anledningen till att det ofta definieras som en funktionsnedsättning.

Enligt mina analyser verkar det inte heller finnas någon direkt korrelation mellan energinivåer och fysisk storlek och styrka, även om en stor massa naturligtvis genererar fler fotoner och därmed kan uppfattas som något starkare. Men för att ta skådespelare som till exempel är Woody Allen, med sina 1,65 meter och lätt taniga figur, en nästan lika kraftfull alfa som den betydligt större och starkare Chris Hemsworth, som till vardags får spela guden Thor på film.

Det tycks dock finnas en del skillnader mellan män och kvinnor, där en kvinnlig alfa visserligen kan ha lika höga energinivåer som en man, men många gånger upplevs som svagare och mindre kapabel. Orsaken till detta upplever jag kan vara att kvinnor i många fall har en mer splittrad projicering, något jag tillskriver evolutionära skillnader, vilket jag diskuterar mer senare.

Vad det gäller bevismöjligheten vore det nog inte lika svårt att bevisa detta antagande som de övriga, eftersom ATP faktiskt går att mäta, även om det inte direkt är enkelt. Man måste dock först hitta ett antal individer som stämmer överens med definitionen av en alfa, och som andra kan identifiera som alfa, och sedan mäta deras ATP och jämföra med en kontrollgrupp som identifierats som beta eller omega. Man skulle också kunna använda en fotonräknare för att undersöka om vissa avger fler fotoner än andra, och om detta sedan kan korreleras med specifika upplevelser hos betraktaren. Ett komplicerat projekt säkerligen, men kanske inte helt omöjligt.

Antagande 5. Evolution

Varje teori med självaktning bör åtminstone göra ett försök att förklara varför fenomenet en gång uppstod, och jag funderade själv länge på varför något så energimässigt kostsamt som en neurologisk beräkning av projektionsmönster överhuvudtaget skulle ha uppstått. Men ju mer jag funderade på vad det egentligen var jag syftade på med mina tankar om energiprojektion, desto mer insåg jag att det främst handlade om det som är en av de mest signifikanta aspekterna för just vår art, nämligen kommunikation. En person med ledaregenskaper är per definition någon som kan kommunicera ledarskap till andra. En person som lyckas förmedla sin musik/konst/skådespel till en publik, är någon som är bra på att kommunicera den känsla eller berättelse som man har för avsikt att förmedla.

Om vi antar att tolkandet av energiprojektioner används för kommunikation får vi också en evolutionär grund att stå på. Kommunikation är en av hörnstenarna i mänsklig utveckling och behovet av att kunna kommunicera har bara ökat för varje steg i evolutionen. Vi nöjde oss inte med att bara kommunicera kring fortplantning och samordning kring jakt, även om det är viktiga faktorer. Vi utvecklade även något så evolutionärt märkligt som handel; ett utbyte av varor och tjänster mellan separata grupperingar, där tillit mellan främlingar är en nödvändighet, men också oerhört riskabelt.

När jag tänker mig den evolutionära utvecklingen av energiprojektion i mänsklig kommunikation, ser jag framför mig två främmande grupper av homo sapiens som möts i skogen tidigt i den moderna människans utveckling. Den ena har utvecklat en effektivare pilbåge, medan den andra gruppen har hittat vackra snäckskal att smycka sig med. Detta möte sker innan det verbala språket är utvecklat, innan vår hjärna lärt sig att skapa komplicerade texter som avtal och lagar. Våra förfäder måste snabbt kunna avgöra om gruppen de möter är vänner att byta varor med, eller fiender som man måste försvara sig mot. Att kunna förnimma en positiv och nyfiken atmosfär, till skillnad från en negativ och aggressiv sådan, kan mycket väl bli skillnaden mellan liv och död.

Att kunna skapa stabila parbildningar för långsiktig fortplantning är också ett fenomen som underlättas av kommunikation och förmågan att kunna förnimma den energiprojektion som motparten utstrålar. För de arter där fortplantningen främst handlar om att hanen ska para sig med så många honor som möjligt på en utsatt tid, blir förförelse irrelevant. Som när fiskar simmar in i samma vik och sprutar ut sina ägg och spermier, för att snabbt simma

94

därifrån, då behövs ingen kommunikation annat än att alla är genetiskt programmerade att komma dit samtidigt.

Men för oss är det betydligt mer komplicerat. Som en av få arter i världen har homo sapiens honan ägglossning regelbundet hela året om. Vi föder dessutom fullständigt hjälplösa och sårbara avkommor, som behöver ständig uppassning under många, många år. Det är en stor investering att få nästa generation att överleva, och under större delen av vår arts existens har det krävts minst två vuxna för att klara den bördan.

En ensam hona hade knappast lyckats få sin avkomma att överleva på förhistorisk tid. Att kunna skapa starka känslomässiga band mellan inte bara barnet och föräldrarna, utan även mellan föräldrarna, kan därför ha varit skillnaden mellan liv och död för barnet. Och eftersom energiprojektion kan vara en genväg till att uppleva en annan individs känslotillstånd, ger den par möjlighet att känna av vad den andra vill och behöver. Detta bör ha varit evolutionärt viktigt i en allt mer komplex kultur, särskilt innan det verbala språket hade utvecklats. Det skulle ha gett våra förfäder en orsak att utveckla bland annat de förförelsetekniker som ligger till grund för att par ska etableras och upprätthållas.

Men vår art utvecklade väldigt olika livsförhållanden mellan män och kvinnor, och det är en av de faktorer jag tror har varit avgörande för skillnaden i energiprojektion mellan könen. Eftersom kvinnor kan vara havande året om, var hon troligen under större delen av vår evolution antingen gravid eller precis fött barn, från det att hon var könsmogen. Hon är därför i stort sett oanvändbar vid jakt, då barnet hon bär, antingen i magen eller på ryggen för att kunna amma, alltid kommer vara i vägen. Jag gissar att hon därför oftast blev kvar med barnen vid den livsnödvändiga elden som måste hållas vid liv, och där maten förbereds och örter plockas i närheten. Där måste hon också hålla utkik efter rovdjur, och se till att gruppens viktiga sociala strukturer upprätthålls.

Detta är en tillvaro som skiljer sig drastiskt från männens, som kunde ägna hela dagen åt att jaga, fiska eller dra plogen, vilket till stora delar handlar om en aktivitet åt gången. Kvinnan däremot måste göra alla sina arbetsuppgifter samtidigt. Hon kan inte släppa fokus på barnen för att hon vill ägna sig åt att förbereda huden från det dödade bytesdjuret, eller låta elden slockna för att örterna måste torkas. Hon måste göra allt på samma gång, vilket jag ser framför mig borde vara ganska splittrande. Det fanns säkert en viss fördelning av sysslorna mellan kvinnorna, men jag tvivlar på att kvinnor någonsin i mänsklighetens utveckling har kunnat fokusera på en enda uppgift i taget. Jag har antagit att detta kan vara en av anledningarna till att kvinnors energier idag upplevs som splittrade och därmed ger en felaktig upplevelse av att vara svagare än männens.

Ett annat exempel på när energier skulle kunna ha evolutionär betydelse är ledarskap, och där jag tycker mig se en orsak till utvecklingen mot begreppet alfa. De flesta flockdjur har någon sorts hierarki. Men för de flesta djurarter är kampen sällan blodig. Visst utmanar de varandra fysiskt, men hur vet en gorillahanne när han ska backa? När vet varghannen att kampen är förlorad? Och varför utmanar inte alla individer i flocken ledaren hela tiden? Teoretiskt sett borde alla arter föra en kamp till döden för ledarskap, men då skulle djurarten decimeras helt i onödan. För att ledarskap alls ska vara möjligt krävs att resten av flocken följer en individ, annars skulle alla splittras och individerna i flocken skulle inte kunna åtnjuta fördelarna av samarbete.

Min tanke är att naturen hittade en genväg, ett sätt att skapa en biologisk struktur för att ledare ska kunna existera, en funktion som gör att resten av flocken skulle följa den individen. Att ge ett begränsat antal individer marginellt högre energinivåer är ett genialiskt sätt att lösa problemet. Med högre energier syns alfan lite mer, hörs lite mer och orkar lite mer; en marginell fördel för individen men en stor fördel för flockens överlevnad.

Naturen måste också fördela denna variabel inom flocken, på samma sätt som naturen gör med kön. I alla djurarter föds exakt så många hanar och honor arten behöver för att överleva. Hur naturen gör det är ett mysterium. Det är också ett mysterium hur bara en specifik mängd alfa skulle kunna födas. Men om vi accepterar att det är möjligt, blir energinivån en variabel som underlättar vid både ledarskap och kommunikation.

Men naturen har ingenting att vinna på att lägga denna förhöjda nivå på för många individer. Det är en medveten risk moder natur har tagit. Om det föds för många alfa skulle alla slåss mot varandra om ledarskapet vilket skulle skapa onödigt många strider med stora förluster för arten, och hela idén skulle falla. Om det däremot föddes för få, skulle urvalet bli för litet. Eftersom evolutionen famlar i blindo när våra egenskaper väljs ut, måste risker alltid begränsas. Naturen måste se till att flockens urval av ledare inte är för liten, för vem vet, den som föds med alfaenergier kanske också föds med en extremt hög aggressionsnivå, eller tvärtom, alldeles för låg. Om flocken inte vinner på en viss ledares beteende, måste den ledaren slås ut av en annan, för artens fortlevnad. Om bara en individ per generation har höga alfaenergier, skulle systemet kollapsa.

När jag pratar om detta med olika personer och grupper, har jag märkt att de flesta, framför allt män, gärna vill att jag ska bekräfta att de är alfa. Jag brukar då få förklara att det inte på något sätt är en superkraft som gör dig oövervinnerlig. Snarare tvärtom. De jag pratat med som faktiskt är alfa upplever sig sällan särskilt utvalda, eller som om de har fått några fördelar. De jobbar lite mer, har lite fler projekt på gång, men för dem är det något normalt. Det är en av anledningarna till att jag tycker det är viktigt att prata om det.

För om jag har rätt i detta, och denna uppdelning faktiskt existerar på det biologiska planet, bör man vara försiktig med att använda alfa som måttstocken för hur alla borde vara. Det kan skapa onödiga psykologiska konflikter, både för individen och för samhället i stort.

Vi ser alla dessa alfa hela tiden i våra dagliga liv; de är artister som en hel värld sörjer när de dör, de är företagsledare som blir miljardärer och styr jättekoncerner, de är sporthjältar som vinner uppsjö av priser. Om man som normal beta eller omega, tittar på allt detta kan man ibland känna sig ganska misslyckad, och fråga sig varför man själv inte lyckas lika bra. Själv blev jag i alla fall ganska lättad när jag insåg att jag inte har samma energinivåer som vissa andra, och att det därför är helt naturligt att jag aldrig kommer orka driva en stor koncern, eller dra miljonpublik. Vi är alla olika, och det finns evolutionärt viktiga skäl till att vi är det.

Del 3
Tekniker och projektioner

Kapitel 9
Introduktion till tekniker

Energiprojektion är ingen exakt vetenskap, inte än i alla fall. Och så vitt jag kan se är den enda yrkesgrupp som ägnar särskilt mycket tid åt att försöka skapa rutiner för energiprojektion just skådespelare, även om jag är övertygad om att även andra yrkesgrupper skulle ha nytta av det.

Men energiprojektion är förstås bara en liten del i vårt sätt att kommunicera, och används alltid tillsammans med verbal kommunikation och kroppsspråk, och jag vill inte ge sken av att man kan använda det som enda verktyg. Men jag upplever att det i många yrken och situationer är en viktig komponent.

Jag kommer i den här delen gå närmare in på begreppet känslor och hur de kan påverka energiprojektionen. Jag kommer även ta upp det jag bedömer är det viktigaste kring den teknik som tycks mest effektiv när det gäller att uppnå de projektioner man önskar, nämligen visualisering. Sedan kommer jag gå in på de konkreta energiprojektioner jag förnimmer, projektioner som i huvudsak kan förändra andras känslor och upplevelser, och vilka visualiseringstekniker som kan fungera för att uppnå dem.

Men först tänkte jag diskutera energiprojektion i allmänna termer. Ordet "charmig" till exempel, som vi använder så ofta, men sällan definierar ordentligt, är något jag länge funderade över, särskilt i samband med mina studier av Simon Baker. Att han är charmig verkar alla vara överens om, men vad betyder det egentligen? Att ha stark utstrålning och att vara charmig är inte nödvändigtvis samma sak. Det finns en och annan seriemördare med alfanergier som har rejält med utstrålning, men som ju är mer obehagliga än charmiga. Men att inte ha någon utstrålning alls tycks däremot helt reducera möjligheterna att upplevas som charmig.

Vi blir positivt påverkade av de vi upplever som charmiga, vi fokuserar gärna på deras bra egenskaper och är benägna att ignorera de negativa. Detta gör det förstås till en stor fördel när det är dags att hitta en partner. Och förmågan att skaffa en bra partner att fortplanta sig med och få avkomman att överleva, är en av de viktigaste evolutionära förmågorna, och därför en av de enklaste för de flesta arter att identifiera. Förmågan att utföra projektionerna däremot kan förstås variera.

Jag upplever att det finns olika förförelsemönster med olika intensitet, där jag har klassat charm som en av de mildaste formerna. Detta kan användas i många olika syften, inte bara med avsikt att skaffa en partner. Att vara charmig kan underlätta i en mängd olika situationer, alltifrån att få ett bättre jobb, större socialt nätverk eller för att undvika konflikter.

Vi människor är generellt mer villiga att underlätta för personer vi upplever som charmiga. Men bara för att vi möter en charmig person betyder inte det att vi omedelbart tror att personen vill fortplanta sig med oss. En regelrätt förförelse däremot är den starkaste formen, och om den är gjord på rätt sätt bör den inte kunna missförstås eller blandas ihop med de övriga projektionerna.

Eftersom förförelse är en sådan grundläggande del i alla arters överlevnad, är dessa tekniker intressanta då de, tillsammans med ledarskap och makt, är det som utvecklats mest hos vår art genom tiderna. Men de delar som ingår i dessa mönster kan förstås användas i andra sammanhang också.

En av de viktigaste faktorerna i energiprojektion som jag upplever det är som jag redan konstaterat, känslor. Det handlar om att förmedla känslor du faktiskt upplever, men också att skapa fiktiva känslor av olika skäl, och att få andra att känna. Problemet med känslor är att de är svåra att kontrollera. De skapas i de djupaste delarna av hjärnan, och vårt medvetande har ingen direkt styrning över dem. Fördelen med detta är att vi instinktivt kan springa från ett hungrigt lejon utan att behöva tänka, vilket förstås är poängen; för att vi ska överleva kan inte våra känslor och vårt medvetande vara alltför nära sammanlänkade, medvetandet är nämligen alldeles för långsamt.

Det gör det också svårt att förändra sina egna känslor medvetet, även om man ibland gärna skulle vilja. Vi kan till exempel inte välja om vi ska bli nervösa av att prata inför andra, eller vem vi blir förälskade i, även om vi kan påverka hur vi hanterar de känslorna. Men för exempelvis skådespelare ställer detta till det ordentligt, eftersom deras jobb är att just skapa fiktiva karaktärer med fiktiva känslor. Och det enda sättet att hantera det är att försöka lära sig förstå sina egna känslor; hur de upplevs, vad som triggar dem och vilka komponenter de har.

Men en känsla kommer sällan ensam, det är en komplicerad hierarki av olika neurologiska reaktioner, där exempelvis glädje är ett konglomerat av olika grupperingar av hjärnceller som tillsammans bygger upp det vi definierar som glädje. Hjärnan kan sedan ta den känslan och kombinera med andra, exempelvis nyfikenhet, trygghet och lugn och kan därmed skapa ett mönster som är specifikt för en situation eller plats. Att förstå vår inre känslovärld och deras många komponenter ger oss möjlighet att till viss del påverka dem, antingen återskapa dem eller neutralisera dem. Men att försöka kontrollera eller trycka ner dem i ett försök att begränsa en exempelvis uppfattad sårbarhet, slutar aldrig väl och bör undvikas.

Vi människor är sociala varelser och upplever oftast instinktivt att kunskap vi fått av någon vi inte har ett känslomässigt band till är mindre relevant än sådant vi lärt av de vi känner. Vi är till exempel mer villiga att se program med programledare vi är relativt familjära med och har skapat ett känslomässigt band till. Men att knyta an till publiken eller till allmänheten generellt, är en av de svåraste uppgifterna för alla som har någon typ av offentlig roll. Att verka trovärdig utan att vara tråkig, att underhålla utan att bli för ytlig, att vara öppen och ärlig utan att ge kall på sin egen privata sfär, inget av det är lätt. Men utan att lyckas skapa detta känslomässiga band till en grupp som i praktiken är främlingar, blir det svårare att förmedla det man önskar, sälja det man vill, eller skapa det man drömmer om.

Ett exempel på en yrkeskår som är direkt beroende av att skapa den känslomässiga länken till individer de egentligen inte känner, är läkare. Om vi tar exemplet med läkaren som måste ge ett svårt cancerbesked till en patient, något som alltid är en komplicerad process. Dels kan det vara svårt för patienten att ta till sig information på grund av chock, dels kan det vara av yttersta vikt för patientens överlevnad att personen omedelbart förstår vad som måste göras. Dessa två faktorer kan lätt krocka och läkarens förmåga att förmedla det som måste förmedlas är av yttersta vikt.

Men läkaren ställs då inför ett dilemma; man vill förstås inte vara för negativ, så att patienten ger upp direkt, samtidigt behöver patienten förstå allvaret i situationen. Och allt detta måste oftast kommuniceras utan för mycket verbal information, eftersom patientens chocktillstånd kan göra sådan typ av kommunikation svårt att processa. Jag menar att det är i sådana situationer som energiprojektion blir extra viktig eftersom den går rakt in i patientens känslocenter och tolkas av uråldriga funktioner i vårt omedvetna.

Men låt oss då tänka oss ett scenario där läkaren precis sett en rolig video tillsammans med en kollega och känner sig på glatt humör. Då bör den professionella läkaren neutralisera nivån av positiva energier för att inte inge en känsla hos patienten att cancern kanske inte är så farlig trots allt. Eller så kan problemet vara det omvända om läkaren i fråga själv har det svårt, kanske konflikter hemma eller med en kollega. Då måste energierna neutraliseras eller åtminstone anpassas så att de överensstämmer med cancerns grad av allvarlighet.

När det gäller att kontrollera sina egna känslor kan det också handla om att inte låta motpartens känslor påverka en själv. Ta exempelvis en polis som måste hantera ett gäng uppretade och aggressiva ungdomar. En individ som är uppjagad, rädd eller arg kan vara väldigt svår att hantera. Av psykologiska skäl blir man lätt instängd i sin egen upplevelse när känslorna man har blir för starka, och en rationell verbal konversation kan bli rent omöjlig. Och just vid sådana tillfällen, när den verbala kommunikationen slås ur spel av olika skäl, kan energiprojektion bli extra viktig.

När polisen står där omgiven av ett gäng aggressiva ungdomar och snabbt måste ta kontroll över situationen, då är det i min mening enklast att göra det genom att använda energiprojektion. Man kan förstås använda rent kroppsspråk, att göra sig hotfull och hoppas att motparten ger upp, men det är en betydligt mindre flexibel och mer riskfylld strategi.

Men även polisen kommer oundvikligen bli påverkad av aggressionen som omger personen, eftersom vi är skapade att anpassa oss efter de känslolägen vi omges av, detta för att alla i flocken exempelvis ska kunna fly samtidigt om fara hotar. Jag upplever till och med att vi är mer lättpåverkade av andras energier, än vi är av andras ord eller kroppsspråk. Därför bör alla yrken som arbetar med andra människor även ha kunskap om hur man effektivast blockerar de energierna som är oönskade, och ersätter dem med en mer lugn energi som då kan göra verbal kommunikation möjlig igen.

Jag är övertygad om att förståelse och kunskap om energiprojektion kan underlätta i de ovan nämnda fallen och många fler. Men hur gör man då för att hantera, styra eller förändra sina egna känslor och andras? Det enda som tycks fungera, så vitt jag kan se, är begreppet mental visualisering.

Kapitel 10
Visualisering

Ordet visualisering används för olika fenomen, men här avser jag den mentala visualisering som ryms inom psykologins område. Det finns ett stort antal varianter, och många coacher och terapeuter använder sig av olika sorters mental visualisering, eller mental träning som det också kallas, för att uppnå en rad olika saker. Bland annat har man börjat använda det allt mer inom idrottens område, där man har kunnat visa på vissa förbättringar i prestanda hos utövaren, (Phillip Post, Sean Muncie & Duncan Simpson, 2012, "The Effects of Imagery Training on Swimming [...]")[vii]. Tyvärr finns väldigt lite forskning på området och få konkreta resultat eller riskanalyser, så man bör därför vara försiktig när man använder det.

Olika former av visualisering har använts av mänskligheten i tusentals år, i ett ständigt försök att nå ut med det som pågår inne i vår hjärna, och använda det för att förändra vår omgivning. Våra hjärnceller jobbar alltid i isolering, och har bara kontakt med omvärlden via våra sinnen. Men våra hjärnceller är kapabla till så oändligt mycket mer än att bara processa information; de kan skapa bilder av sådant som vi ännu inte sett, hitta ord och meningar vars betydelse vi själva kan behöva år att förstå, och de kan lösa problem som borde vara omöjliga att lösa. En person tittar upp mot himmelen, ser månen och undrar hur det vore att stå där och titta ner mot jorden. Många år senare står en dag en person på månen och tittar ner mot jorden. Utan visualisering hade det varit omöjligt.

Men det räcker inte med att fantisera ihop något man vill ha. Jag kan till exempel inte magiskt frammana en smörgås bara för att jag är hungrig. Men genom att skapa bilden av en smörgås för mitt inre, kan jag förändra hjärnans neurologiska mönster, vilket då får betydligt fler celler att engagera sig. De börja då samarbeta för att mina ben ska ta mig till en plats där smörgåsar är möjliga, och få mina händer att ordna fram den önskade smörgåsen. Om du bara sitter och funderar på smörgåsar i största allmänhet, händer inget. I begreppet visualisering ligger en aktiv tanke, något som skiljer den från mer passiva fantasier.

Det är också ett av problemen med energiprojektion. För att förändra sina egna känslotillstånd och kunna projicera dem, krävs en förmåga att aktivt skapa en upplevelse som inte är direkt kopplad till något verkligt, och för det krävs mental visualisering. Och visualisering kräver övning, och en förmåga att medvetandegöra processer i hjärnan som för de flesta är omedvetna.

Det pratas ibland om myten att vi bara använder tio procent av vår hjärna. Det är en myt eftersom en hjärncell som inte någorlunda regelbundet aktiveras kommer, precis som muskler, så småningom förtvina och dö. Däremot kan man säga att vi bara är medvetna om kanske tio procent av allt vår hjärna gör. Alltså skulle teoretiskt sett hela nittio procent av vår hjärnaktivitet kunna vara helt eller delvis omedveten. I denna beräkning finns förstås också den

108

stora del av vår hjärna som styr vår kropps komplicerade autonoma system, såsom hjärta och lungor, som styrs bortom vår medvetna kontroll, av förklarliga skäl. Hade det inte varit autonomt skulle vi kunna glömma att andas och dö av syrebrist.

Vårt medvetande är det man neurologiskt har identifierat som den relativt lilla delen av hjärnbarken som kallas frontala cortex. Därifrån skapar vi den röst vi hör i vårt inre, och de medvetna tankar och intentioner vi har. Det är också här som vi kan skapa länkar till resten av hjärnan, ungefär som en bibliotekarie i ett gigantiskt bibliotek som kan ta fram en viss bok och hitta viss kunskap, men omöjligen kan vara medveten om varje bok och all information samtidig.

Men hjärnan har tyvärr inte en instruktionsbok med begripliga förklaringar till hur allt fungerar. Så istället för att, till exempel din amygdala skickar upp en tydlig instruktion om vad den upplever som skrämmande, kan den bara skapa känslan av obehag, och det är inte alltid ditt medvetna har hunnit uppfatta vad obehaget är kopplat till. Det kan resultera i att man plötsligt går där och känner obehag utan att riktigt veta varför. Det kan ibland ta lång tid innan resten av hjärncellerna lyckats hitta den association som amygdalan reagerat på, kanske en person vi mött som påminner om någon vi träffat tidigare och inte gillat. Ibland får vi aldrig svar.

Hjärnan kodar information med hjälp av hjärncellernas av- och på signaler av elektricitet och transmittorsubstanser. Cellerna skapar mönster som skapar minnen, tankar, rörelser och känslor. Och ju mer man förstår hur detta fungerar desto effektivare kan man använda sig av det i ett mer medvetet syfte. Det gäller bara att lära sig tala "hjärnspråk" och framför allt sin egen hjärnas "språk". Och hjärnan talar i koder och symboler, vissa är allmänmänskliga, andra specifika för vissa kulturer eller rent individuella. Så för att kunna kommunicera med sin hjärna, måste man först lära sig koderna ens egen hjärna använder sig av.

Inom idrotten pratar man ofta om att skapa positiva målbilder och visualisera till exempel den längd man ska simma, springa eller åka skidor, så att hjärnan även mentalt blir förberedd på det som skall komma. När man simmar en viss längd väldigt många gånger, lär sig de celler som styr dina rörelsemönster hur de skall agera, något man kallar muskelminne. Men med hjälp av mental visualisering kan man även få ännu större delar av hjärnan att engagera sig. Då kan man utnyttja den energipotential som annars kanske skulle användas till annat, eller inte aktiveras alls.

Detta är också kopplat till en annan viktig komponent, nämligen det ofta citerade men svårdefinierade fenomenet *fokus*. De flesta av oss vet hur det känns att vara fokuserad, men det är förvånansvärt svårt att förklara hur det går till. Men det inbegriper förmågan att styra sin hjärna så att den ignorerar både interna (såsom tankar och dagdrömmar) och externa stimuli som kan distrahera, samt att också aktivera så många hjärnceller som möjligt och instruera dem att samarbeta.

Man måste dock se till att man inte blandar ihop fokusering och forcering. Forcering kan till vissa delar upplevas på samma sätt som fokusering; det är en mental funktion som centrerar uppmärksamheten mot till exempel en rörelse eller ett mål. Men forceringen aktiverar även exempelvis muskelgrupper som inte behöver vara aktiva, eller delar av hjärnan som inte bör aktiveras, vilket då skapar en forcerande effekt. Detta bränner mer energi än den mer renodlade fokuseringen, och kan upplevas som fysiskt plågsam om den fortgår för länge. En person som använder forcering, snarare än fokusering, har dessutom mindre sannolikhet att lyckas med målsättningen, eftersom för mycket energi läggs på onödiga system i kroppen och "stjäl" energi från själva fokuseringen.

Men om fokuseringsmekanismen används rätt kan det resultera i de mest imponerande bedrifter som trotsar det man skulle tro var möjligt. Som att klättra upp för Mount Everest, fridyka till över 100 meters djup, eller gå på rymdpromenader. Handlingar som skulle vara omöjliga om inte individen först visualiserat det som en möjlighet. Människor är fantastiska på att ta sig över och igenom det omöjliga, det är en av de egenskaper som placerat oss högst upp i näringskedjan. Det betyder också att vi har oerhörda resurser inom oss, som de flesta av oss aldrig använder.

Det är dock viktigt att komma ihåg att mental visualisering och fokusering, även om det är effektiva verktyg för att uppnå de mål man önskar, också kostar. Om man är för hård med sin egen hjärna och ständigt tvinga den att bara fokusera på en sak, exempelvis en sportaktivitet, då kommer den att tappa andra saker, såsom mental avkoppling eller sociala aktiviteter, båda lika viktiga för att vår hjärna och kropp ska må bra. Och varje mental ansträngning kostar energi, precis som fysiska aktiviteter. Att prioritera rätt är viktigt, men sällan enkelt.

I min mening är det just själva medvetandegörandet av hur hjärnan fungerar, som gör energiprojektion överhuvudtaget möjligt för individen att påverka och styra. Men det krävs också förmågan att skapa mentala bilder av det man önskar uppnå, samt en insikt i hur man mentalt kan "aktivera" sig energimässigt. Med det menar jag att det finns en neurologisk funktion som skiljer på att passivt fundera på att man vill projicera något, och att faktiskt göra det. Den funktionen kan ibland vara svår att hitta, särskilt om man har mycket annat man måste tänka på; en stressig miljö eller ett mångfasetterat jobb. Har man alfaenergier blir det lite enklare, eftersom man har lite mer energier att ta av. Men att vara alfa är inte detsamma som att automatiskt lyckas projicera sina energier.

Att aktivera sig energimässigt är inte bara en fråga om att vara känslomässigt engagerad, eller att man upplever att man är exalterad över något. Det är heller inte samma sak som att vara fysiskt aktiv, eller att spänna musklerna, som till exempel många skådespelare gärna gör, särskilt när de är nya i yrket. Skådespelare får ofta rådet att vara avspända och avslappnade, samtidigt som de ska ha en inre, mer psykologisk aktivitet, som sedan ska föras ut till publiken. Detta gäller förstås alla som vill kunna utföra bra energiprojektioner, oavsett yrke eller situation. Men exakt hur man ska gå till väga för att uppnå denna till synes motstridiga instruktion, är inte helt klarlagt. Men det verkar vara lite av "trial and error", alltså man får testa sig fram i sin egen hjärna och hoppas att någon säger till när det fungerar, så att man kan upprepa det och förstärka den funktionen.

Om man däremot lyckas förstå denna mekanism och lär sig använda den, skapas en fokuserad fotonström, det jag kallar energiprojektion. Detta eftersom hjärnan reducerar andra funktioner och låter den känsla eller funktion man vill förmedla, antingen positiv eller negativ, skapa mer energi och därmed också resulterar i fler fotoner. Detta gör upplevelsen starkare för betraktaren, vilket då kan leda till positiv feedback i form av applåder, komplimanger etc.,

112

som då stärker funktionen och gör att hjärnan vet vad den ska göra nästa gång.

Vissa extroverta individer gör detta automatiskt redan i unga år, och lär sig att om de aktivt fokuserar på exempelvis föräldrarna medan de levererar en liten monolog om dinosaurer eller annat, kan det resultera i att föräldrarna ger mer uppmärksamhet tillbaka. De kan då fortsätta öva och hitta de projektioner som fungerar bäst och blir bättre med tiden. Dessa barn upplevs oftast charmiga och karismatiska tidigt och får ofta en fördel även i vuxenlivet.

Men för de som inte är särskilt extroverta, eller till och med introverta, kan det bli lite mer komplicerat. Det är dock bara en teknik, inget som man nödvändigtvis måste ha lärt sig redan som barn. Och det går också alldeles utmärkt att leva hela sitt liv, både lyckligt och framgångsrikt, utan att någonsin ha några behov av, eller kunskaper i hur man charmar en publik eller använder sig av energiprojektioner.

Det är viktigt att inse att mental visualisering är en psykologisk skapelse, där du bygger upp en inre bild av det du vill uppnå. Du måste omvandla dina önskningar till något symboliskt; att bara prata snällt med sin hjärna om sina önskningar fungerar aldrig. Men det är inte alla symboler och associationer som din hjärna kan associera till det du vill uppnå, ibland kan det till och med få rakt motsatt effekt.

Om vi tar som exempel den energiprojektion jag valt att kalla stabilisering, så brukar jag rekommendera att man visualiserar en bild av en ljusstråle som går rakt uppifrån och ner genom hela kroppen. Men vissa blir väldigt obekväma med idén om ljusstrålar och associerar till utomjordingar och annat konstigt. Då måste man naturligtvis hitta någon annan mental bild.

Man bör även vara försiktig med vilken symbolik man använder sig av. Om man till exempel tänker sig att man är ett träd med rötter som länkar en till marken, blir visserligen den känslomässiga kopplingen, och därmed projiceringen, väldigt stabil, men också trög och tungmanövrerad. Hjärnan tolkar nämligen oftast träd som orörliga och din projicering kommer då att bli ett resultat av det.

Det är också viktigt att vara försiktig med sitt inre psykologiska tillstånd. Det finns alltid en risk att projektionerna kan bli "orena" om man inte är psykologiskt stabil. I detta sammanhang avser jag förstås inte renhet och orenhet i konkret betydelse utan snarare som en förnimmelse, därav citationstecken.

Jag har nämnt tidigare att jag upplever Bakers projektioner som "rena", vilket innebär att jag upplever att de flödar utan motstånd. Detta kan bland annat påverkas av det psykologiska begreppet *flow* (flöde på svenska). Flow handlar om förmågan att koncentrera sig på sin uppgift så intensivt att man stänger ute allt annat. Det gör att det som, så att säga "kommer ut", blir fritt från "föroreningar" såsom inre konflikter eller distraktioner. Om en skådespelare mitt i en scen exempelvis är upptagen med att mentalt processa personliga problem eller konflikter inom arbetsgruppen, då kommer inte flödet att vara särskilt "rent" eftersom det blandats upp av dessa, för sammanhanget irrelevanta känslor.

Fokus och flow kan tyckas vara samma funktion men jag upplever dess psykologiska innebörd som annorlunda.

114

Begreppet fokus handlar mer om en aktiv funktion, en person som har hög grad av fokus har en hög grad av koncentrerad fysisk eller mental aktivitet. Flow är ett mer meditativt tillstånd som kan försätta de delar av hjärnan man inte vill aktivera i ett sorts mental dvala. En konflikt eller oro inför något, kan tillfälligt inaktiveras om man lär sig använda flow mekanismen, vilket då gör fokuseringen än mer kraftfull. Det kräver dock extrem koncentration och avancerade psykologiska tekniker att använda sig av båda. Och även om resultatet kan verka lockande med sina imponerande effekter, så krävs det stora mängder energi att uppnå och bör aldrig användas för länge i taget.

Eftersom det i stort sett är omöjligt att själv avgöra hur ens egen energiprojektion ser ut i praktiken, bör man ta hjälp av utbildade terapeuter, coacher eller andra som arbetar med dylika tekniker. Men framför allt är det viktigt att det känns bra. Om man känner sig obekväm med något är det den känslan som kommer projiceras. Din hjärna kommer inte förstå enbart din intellektuella intention, utan förmedlar den känsla som dominerar.

Kapitel 11
Energiprojektion i praktiken

Jag har velat skapa en så detaljerad analys som möjligt av de energiprojektioner jag förnimmer, men det har inte varit lätt. Projektioner kommer sällan en och en och varar aldrig särskilt länge. Jag har dessutom velat hitta samma mönster hos flera personer, för att bekräfta att det inte bara är en enstaka företeelse. Och allt jag haft att gå på är min egen förnimmelse och min hjärnas tolkningar. Därför har processen att separera de olika projektionerna tagit mycket tid och stundtals varit frustrerande, och utan exakta vetenskapliga verktyg kan jag förstås inte garantera att det stämmer.

Men med tiden har jag blivit mer trygg i mina tolkningar, varför jag tillslut beslöt mig för att skriva den här boken. Mina analyser och tolkningar är dock i huvudsak baserade på mer eller mindre offentliga personer, inom olika yrkesgrupper, vars projektioner är inspelade och jag lättare kan studera dem i detalj, så många gånger som behövs. Men jag har också haft turen att få jobba med några svenska skådespelare och statister, som hjälpt mig experimentera med några av mina idéer, vilket jag är väldigt tacksam för, och hoppas kunna fortsätta med i framtiden.

Stabilisering

En av de viktigaste projektionerna jag förnimmer är det jag valt att kalla *Stabilisering*. Att kunna skapa upplevelsen av att man är stabil är viktigt i alla situationer där man antingen försöker sälja något, eller övertyga någon annan om något. Vi är betydligt mer villiga att lyssna på personer vi upplever som stabila än motsatsen, även om projiceringarna inte alltid representerar verkligheten.

Det jag främst förnimmer hos de som jag upplever utövar en korrekt stabilisering, är att energin går vertikalt i ett rakt flöde från huvudet och genom kroppen. Det är inte nödvändigtvis samma sak som att stå väldigt rakt, energierna är kopplade till personens känslotillstånd eller den skapade projektionen, inte kroppens position.

De personer som känner sig tillfreds med sin uppgift och upplever att de har en känsla av kontroll, kommer ha mycket lättare att förmedla en stabiliseringsprojektion. Men det räcker inte alltid att bara känna sig stabil, det handlar också om att kunna projicera den upplevelsen så att den skapar en känsla hos betraktaren.

Inre konflikter och obalans mellan det man vill uppnå och det man tror sig kunna uppnå kan skapa problem med stabilisering och andra projektioner. Men om man är tillräckligt medveten om sina känslor kan man skapa en artificiell upplevelse av stabilitet genom att fokusera sin projektion till den korrekta positionen, även om man inte tror

118

på det man till exempel försöker sälja. Hur effektiv den projektionen blir avgörs troligen av hur känslomässigt investerad man är i det som skapar osäkerheten.

De som antingen vill artificiellt skapa en stabiliseringsprojektion, eller förstärka en de redan har, kan använda olika typer av visualiseringsbilder. Jag nämnde tidigare ett förslag på visualiseringsteknik där man visualiserar en ljusstråle som går rakt genom en. Men det finns givetvis många fler varianter, och huvudsaken är att man känner sig bekväm med det, och att det faktiskt förmedlar det man önskar. Man kan naturligtvis också fokusera på att skapa en inre känsla av harmoni, vilket då kan skapa en stabiliseringsprojektion, förutsatt att man förstått själva projektionsmekanismen vill säga.

Men ibland kan man vara tvungen att artificiellt skapa en stabiliseringsprojektion. Antingen för det kan vara svårt att veta vad det är som skapar obalans inom en, eller att det helt enkelt inte går att lösa snabbt.

Som exempel kan vi återvända till vår läkare som måste ge ett cancerbesked till en patient. Läkaren i fråga kanske har problem i äktenskapet som kommer ta tid att lösa, men måste ändå upplevas som stabil och trovärdig i sitt yrke. Då kan det vara bra att ha insikt i vad patienten faktiskt upplever och reagerar på, och kunna artificiellt skapa den energiprojektion som resulterar i upplevelsen av den professionella roll jag gissar de flesta patienter önskar sig i detta fall.

I detta fall, och många fler, är stabiliseringsprojektionen absolut central, men det räcker sällan med bara det. Stabilisering är visserligen en nyckel till att skapa en bra upplevelse hos mottagaren, men det är bara en grundmekanism.

För att till fullo utnyttja potentialen i energiprojektion krävs att man bygger vidare med ytterligare projektioner.

Centrerad projektion

För att skapa förtroende och inge en känsla av trygghet behövs dels stabiliseringsprojektionen, men också det jag kallar *centrerad projektion*. Syftet är att få personen man antingen vill informera om något viktigt, sälja något till eller kanske vill förföra, att känna sig utvald och viktig. Om du exempelvis vill förföra en person med en romantisk middag på restaurang, men personen upplever att du är mer fokuserad på alla andra i omgivningen, då kommer middagen troligen inte sluta särskilt väl.

För att uppnå den centrerade projektionen behöver man fokusera sina energier på en enskild individ, vilket inte tycks vara fullt så lätt som det låter. Att titta ihärdigt på personen är inte samma sak som att projicera sina energi. Jag har till och med noterat situationer då Simon Baker projicerat sina energier på en motspelerska, samtidigt som han verkar vara fullt upptagen med att studera något annat i en helt annan riktning. Men konsekvensen av dessa scener blev ändå känslan av att en förförelse pågår. Tricket att låtsas vara ointresserad fungerar förstås endast om man lyckas projicera sina energier åt det håll man önskar, annars går ens försök till förförelse troligen helt förbi personen i fråga.

Det finns också skillnader i det jag kallar självorienterad centrerad projektion och den externt orienterade. Den sistnämna lägger fokus på andra medan den förstnämnda får den man fokuserar den centrerade projektionen mot att

120

rikta uppmärksamheten mot utövare. En komplex nyans-skillnad som kan vara svår att kontrollera.

Att projicera sina energier på en specifik person innebär också att man måste bestämma, eller instinktivt välja, vilket läge man vill projicerar sin energi. Med det menar jag att om man fokuserar en centrerad projektion mot personens huvud, kommer det teoretiskt att skapa förnimmelsen av en mer intellektuell kontakt, medan ett fokus mot bröst/mage, eller solarplexus, upplevs som mer neutralt, och ett fokus på könsorganen skapar upplevelsen av att en sexuell kontakt önskas.

Den centrerade projektionen är viktig för förförelsen och därmed väsentlig för vår fortplantning, varför jag antagit att den utvecklats tidigt i vår evolution. Därför sker den många gånger helt naturligt om man träffar någon som skapar starka positiva känslor hos en, och underlättar vid bildandet av stabila par som kan hjälpas åt att hålla avkomman vid liv. Det är dock viktigt i dagens komplexa värld att försäkra sig om att mottagaren är intresserad av en sådan kontakt.

Den mentala bilden jag skulle föreslå för centrerad projektion är helt enkelt en ström av ljus som går från dig själv mot personen man önskar fokusera på. Det går naturligtvis att välja andra visualiseringstekniker, men det viktiga är att man försöker få energin att utgå ifrån den del av oss där vi är som mest stabila och har mycket energi, vilket är runt solarplexus. Det går att utgå från huvudet, men det skapar ofta en något instabil upplevelse och kan vara svår att hålla i längden.

Men jag upplever att man bör vara försiktig när man använder den centrerade projektionen, så att den dels har rätt läge, som jag nämnde tidigare, dels är anpassad efter den optimala intensiteten för syftet. Om man exempelvis har mycket energier och utövar denna projektion i full styrka mot någon som har lägre energier, kan den personen uppleva sig i det närmaste ansatt, vilket kan kännas besvärande eller till och med plågsamt.

Utövaren bör också se till att energin inte projiceras på en alltför liten yta på mottagaren. Projektionen kan då upplevas som vass och skapa obehag, särskilt om det också är en högintensiv projicering. Om man använder den centrerade projektionen i samband med ilska eller aggression, kan det också skapa ett obehag eftersom de känslorna då kan förstärkas och träffa mottagaren mycket kraftigare än utövaren kanske avser.

Det finns förstås de som utövar den med syfte att orsaka trauma. Det är inte sällan den används av de som önskar manipulera och kontrollera andra i sin omgivning. En vass centrerad projektion är förvånansvärt effektiv som ett psykologiskt vapen.

Den centrerade projektionen är mest effektiv om man vill fokusera på en enskild person. Det går visserligen att flytta projektionen från en person till en annan, om man är på fest till exempel, men då bör man också kunna splittra projektionen så att man kan ha kvar lite av energin på varje person i den grupp man deltar i, om man vill vara lika charmig mot alla och undvika att någon känner sig bortstött. Men det är förstås inte nödvändigt att projicera på alla fester man deltar i, om man inte har ett direkt syfte med just den festen, exempelvis för att försöka sälja in en produkt.

Projektionen skall dock inte blandas ihop med den målfokuserade projektionen som jag kommer ta upp senare.

Omslutande projektion

Den projektion jag har döpt till *omslutande projektion* syftar till att förstärka upplevelsen av att vara trygg och utvald. Det jag förnimmer är att den som skapar projektionen sveper in motparten i ett "nät" av energi, som delvis skapar upplevelsen av utvaldhet, dels begränsar mottagarindividens förmåga att ta till sig externa och interna stimuli.

Med det menar jag att det tycks som att det går att minska personens psykologiska förmåga att uppfatta sinnesintryck, både de som kommer från personens omgivning, men även inre upplevelser kan reduceras. Detta kan vara effektivt att uppnå om man till exempel vill förföra en person på en fest eller bar, där det finns många andra potentiella friare, eller sälja något till tänkbara köpare i miljöer där även andra konkurrerande säljare jobbar. Det kan också reducera mottagarens motivation att lyssna till eventuella inre varningssignaler kring utövaren, varför man bör vara uppmärksam på denna projektion.

Det är dock helt och hållet en psykologisk upplevelse, och jag menar inte att detta "nät" på något sätt dämpar ljud eller dylikt i omgivningen, eller begränsar personens tankeförmåga. Det är snarare en fråga om att omslutas av den energieffekt som skapas av utövarens inre psykologiska motivation. Jag menar att vår hjärna är mer påverkbar än de flesta nog vill erkänna, och en skicklig utövare kan få mottagaren att tappa både tid och rum, enbart för att vår hjärna är konstruerad för att tillåta denna funktion.

Det evolutionära syftet med detta har jag antagit är dels behovet av att bilda stabila par för fortplantning, men också för att ledare ska kunna fokusera flockens handlingskraft mot ett specifikt mål. Om syftet är gott kan denna projektion reducera stress och skapa högre effektivitet, eftersom mottagaren upplever sig nöjd med sitt val av partner, ledare, bytesdjur eller köp av produkt. Om syftet däremot är att manipulera för egen vinning kan det göra stor skada, vilket innebär att man bör vara på sin vakt.

Den omslutande projektionen kan ha olika intensitet, helt beroende på hur mycket energi utövaren har och vad syftet är. Om man endast vill hjälpa en person att fokusera på den uppgift man tillsammans ska lösa, kan det räcka med en lågintensivt "nät". Vill man få personen att helt bortse från alla andra alternativ behöver man öka intensiteten, om man har möjlighet. Men jag skulle gissa att det krävs en alfa för att åstadkomma en högintensiv variant av denna projektion.

Projektionen tycks vara relativt kostsam att utföra, och används därför i de flesta fall endast för att påverka en enskild individ. Men för en alfa tycks det möjligt att även vidga den så att den omsluter en grupp, om individerna står någorlunda nära varandra. Den kan inte täcka en alltför stor grupp, kanske ett par personer, och blir aldrig en högintensiv omslutning. Men även en lågintensiv kan bli ganska kännbar, särskilt om den kombineras av andra projektioner. Denna teknik kan skapa känslan av tillhörighet, och att knyta ihop gruppen samtidigt som alla känner sig sedda och utvalda av den som projicerar.

Detta är tyvärr något som ibland används med stor effektivitet av bland annat sektledare. Vi människor är sociala varelser och vill gärna känna tillhörighet, något som den skicklige manipulatören kan åstadkomma bland annat med en skicklig omslutning. Därför är det viktigt att känna till dessa funktioner så man kan välja att ta sig ur dylika situationer om de är oönskade.

Förankringsprojektion

Det jag har valt att kalla *förankringsprojektion* liknar på sätt och viss stabiliseringen men skiljer sig så till vida att det är en mycket "tyngre" projektion. Stabiliseringen skapar en känsla av stabilitet, medan förankringen gör att utövaren upplevs som trygg och trovärdig, men också till viss del rigid och fixerad vid ett visst mål. Projektionen verkar även kunna ge utövaren själv en förstärkt känsla av stabilitet, en psykologisk trygghet som kan öka självförtroendet.

Det jag förnimmer med projektionen är att utövaren fäster något som kan liknas vid ankare i olika riktningar runt sig, i marken, golvet eller andra delar av omgivningen. Ju fler ankare desto starkare blir upplevelsen, men det gör den också mer energikrävande.

Jag har iakttagit förankringsprojektionen främst hos skickliga yrkesutövare, personer som är väldigt säkra på arbetsuppgiften de ska utföra men också medvetna om dess komplexitet, och att andra kan uppleva arbetsuppgiften som svår eller till och med farlig. Jag har bland annat iakttagit denna projektion hos kirurger som ska utföra komplicerade operationer, men även hos byggarbetare som ska navigera stora, tunga maskiner.

Det är en projektion som dock inte är särskilt användbar om det man ska utföra involverar andra personer, eftersom förankringen då kan komma i vägen för kommunikation och samarbete. Projektionen kan också orsaka irritation om den utförs av personer i direkta ledarpositioner, då den ofta ger en förnimmelse av tröghet och ett motstånd mot exempelvis förändring, något som ledare bör undvika. Den tycks heller inte vara särskilt lämpad för situationer som kräver stor flexibilitet och där man plötsligt måste göra andra saker emellan. Det är en projektion som är "tung" och kräver ansträngning för att "lyfta" och "flytta", vilket gör att det kan ta tid att ställa om. Jag sätter orden inom citationstecken eftersom det är psykologiska upplevelser jag syftar på, inte att något konkret ska flyttas.

Men i situationer när något specifikt och komplicerat ska utföras, som kräver att andra i omgivningen litar på att man kan utföra det man åtagit sig, då kan den vara väldigt effektiv eftersom det skapar ett omedelbart förtroende, och utövaren inte behöver lägga tid och energi på att förklara och verbalt skapa förtroende. Det kan också ge utövaren en lugnare arbetssituation då omgivningen automatiskt slappnar av och låter personen utföra arbetsuppgiften utan onödiga störningar. Men det förutsätter förstås att utövaren faktiskt kan uppfylla förväntningarna, som ofta blir mycket högre om personen utövar en förankringsprojektion, annars kan det slå tillbaka rätt hårt om förtroendet skadas.

Energiband

Energiband är en funktion som länkar individer energimässigt och ger varje person som delar ett energiband mer energi än de annars skulle ha haft.

Jag förnimmer det som just ett band som en person fäster vid andra, antingen en person eller flera. Man kan teoretiskt länka hundratals personer till samma energilänk,

126

men styrkan avtar ju fler som binds samman. Paradoxalt nog blir dock den kollektiva energin starkare med flera, men individen upplever energibandet som svagare.

Det krävs en person som initierar energibandet. Den personen "frågar" en annan person som då måste "svara". Denna funktion är rätt komplicerad och inte alla kan initiera energiband, lika lite som alla förstår hur man accepterar en förfrågan. Men om man lyckas hitta den mekanism som skapar energiband mellan individer får man en väldigt imponerande effekt som kan göra att till exempel sportlag vinner fler matcher, filminspelningar flyter bättre och företag fungerar mer effektivt.

Jag bedömer att det finns två typer av energiband, dels pragmatiska energiband som syftar till att skapa starkare arbetsgrupper och mer produktiva affärsrelationer. Dels det jag kallar empatiska energiband som används för att stärka relationer mellan individer som är känslomässigt bundna till varandra, exempelvis mellan barn och föräldrar. Men de kan även fungera för sjuksköterskor som behöver förstå sina patienter till exempel.

Projektionsflöde

Utöver dessa projektioner förnimmer jag även en flödesmekanism som kan påverka upplevelsen men som både är svår att förklara och utföra. En av dessa har jag valt att kalla *projektionsflöde,* och det är en av de mer diffusa men också mest effektfulla av flödena. I projektionsflödet rör sig energierna rakt ut ungefär som vågorna mot stranden. Projektionen kan få en nästan hypnotisk effekt om den görs rätt. Den skapar upplevelsen av att betrakta något mäktigt, men även jordnära, som vågorna på havet.

Den kan varieras i styrka ungefär som skillnaderna mellan kraftiga vågor eller små. Men det kan också ha skillnader i graden av "renhet" kontra "orenhet", precis som vågor i kristallklart vatten eller i mer grumliga vatten. Det är nog också den projektion där just "renhet" och "orenhet" får störst effekt.

Jag sätter här ordet "renhet" inom citationstecken eftersom de inte är en exakt beskrivning, utan snarare den känsla jag upplever. Jag skulle även kunna kalla motsatsen till "rent" för "hackigt" eller "ryckigt". Ett "rent" projektionsflöde upplevs som mer behagligt och är lättare att ta till sig, medan den "orena" varianten upplevs som obehaglig. Det kan vara svårt att hitta rätt funktion på denna projektion varför man bör vara försiktig med att använda den.

Flödesriktning

Det tycks också finnas ett fenomen som jag döpt till *flödesriktning*, och som jag tror kan vara en del av det som bland annat Chekhov kallar "atmosfär", kanske även ursprunget till uttrycket, "luften vibrerar av känslor". Jag har definierat detta som en bakgrundsprojektion; ett flöde av energi som fungerar som en bakgrund till de övriga projektionerna, och som skapar den övergripande stämningen. Flödesriktningen bör alltid användas tillsammans med andra projektioner, exempelvis stabilisering för att förstärka effekten.

För skådespelare och andra artister kan denna projektion vara väldigt användbar, framförallt för de som arbetar

128

med teater eller står på scen av andra skäl. Det kan även vara en praktisk projektion för exempelvis läkare eller poliser som möter personer som är väldigt ledsna eller arga, och där det kan underlätta för alla parter om dessa känslor kan dämpas något. För den skicklige utövaren tycks det nämligen vara möjligt att "höja" eller "sänka" stämningen i rummet och därmed, åtminstone tillfälligt, åstadkomma en övergripande förändring i känslotillståndet hos de eller den som befinner sig där.

Det verkar som att det går att anpassa flödesriktningen efter i stort sett vilken känsla på skalan man önskar, alltifrån en glad och uppsluppen stämning, till en rent av ondskefull upplevelse. Av någon anledning tycks känslor av ett negativt slag ha en nedåtgående flödesriktning, medan en mer positiv känsla skapas av en uppåtgående riktning.

Enligt mina analyser går det att styra riktningen om man kan åstadkomma tillräckligt med fokus och en stabil visualiseringsbild, något som förstås är lättare sagt än gjort. Simon Baker använder den ofta, med imponerande nyanser. För det mesta håller han riktningen uppåt och balanserar skickligt mellan en uppsluppen stämning för rena komiska inslag, och den lite lägre riktningen för en mer harmonisk, godhjärtad stämning. Men han kan också sänka riktningen så lågt att det kan bli riktigt obehagligt, alltefter vad manuset kräver.

För att kunna styra projektionsriktningen måste man kunna känna av vart man ska rikta den för att uppnå den effekt man önskar, något som inte verkar helt enkelt med tanke på hur sällan det lyckas. Det kräver en stor känslighet för nyanserna i människans känsloregister, då skillnaden mellan sorg och ilska till exempel är hårfin. Och vill man skapa en glad stämning måste man vara försiktig så att man inte riktar den för högt och hamnar i ett exalterat stämningsläge, något som kan bli jobbigt i längden. Men det kan förstås användas på det sättet med flit i exempelvis religiösa sekter, där syftet är att manipulera deltagarna att uppnå just extas eller liknande.

För bland annat komiker kan flödesriktningen vara helt avgörande, eftersom komik så ofta handlar om betraktarens sinnesstämning. Om man är glad är det mer sannolikt att man skrattar åt ett skämt, än om man är missmodig, och eftersom stämningen i ett rum påverkar alla som befinner sig där, kan det bli väldigt tungt att stå på en scen om man inte kan vända flödet.

Det krävs dock en hel del energi för att vända en flödesriktning i ett rum, och som utövare måste man hela tiden prioritera vilka projektioner man vill investera i. Ingen människa har oändligt med energi, och varje projektion kostar. En flödesriktning behöver dock inte upprätthållas hela tiden. Om man till exempel står på scen räcker det med att ange den riktning man önskar, som då höjer stämningen, eller sänker den om man så önskar, sedan kommer detta oftast upprätthållas automatiskt av publiken själv.

För exempelvis läkare eller poliser som önskar lugna patienter, vittnen eller offer, kan det också vara nödvändigt att kunna förändra flödesriktningen. En person som till exempel är aggressiv eller har kraftig ångest kommer automatiskt sänka flödesriktningen i rummet om känslan är tillräckligt stark. Detta tycks sedan kunna förstärka personens egen aggression och ångest i en destruktiv loop; negativ stämning skapar negativa känslor som skapar negativ stämning, och så vidare

För att bryta detta i syfte att hjälpa personen att komma vidare, kan en kunskap om hur man kan förändra flödesriktningen underlätta. Det gäller dock att inte höja flödesriktningen för högt, då kan personen uppleva en alltför stor skillnad mellan den artificiellt skapade känslan och de känslor de faktiskt har, känslor som troligen har en orsak i faktiska händelser eller ett obalanserat mentalt tillstånd. Detta kan resultera i en upplevelse av att bli manipulerad, och misstron det orsakar kan skada möjligheten att hjälpa personen.

Projektionsbredd

En annan variabel som fascinerar mig är det jag valt att kalla *projektionsbredd*. Ofta när folk pratar om att någon har stark utstrålning är det projektionsbredden jag upplever som det mest markanta. Jag har ibland hört begreppet "ljudvolym" användas när en person försöker beskriva hur de upplever en person med stor projektionsbredd, och då syftar man inte på personens verbala ljudvolym. Det är ungefär som om energin uppfattas som lite ljudligare än vanligt.

Själv förnimmer jag projektionsbredden lite som de där fiskarna som blåser upp sig för att verka större än de egentligen är, så de inte blir uppätna. Men energierna går snarare ut åt olika håll, inte rakt fram som de flesta projektioner. Det blir snarare som breda vingar som pulserar ut från utövaren.

Projektionsbredden tillåter att utövaren skapar upplevelsen av ha mer energi än man egentligen har. Och även om detta säkert kan verka lockande för många är den så kostsam att det är svårt att upprätthålla den stabilt under en längre tid. Projektionsbredden tycks dessutom rätt svår att generera och det är sällan jag förnimmer den i någon större utsträckning. Men som exempel kan nämnas skådespelaren Chris Hemsworth som i rollen som guden Thor periodvis använder sig av just projektionsbredden för att markera karaktärens stryka och makt.

Han har dessutom en relativt hög nivå av renhet i projektionsflödet, och tillsammans med det faktum att han är en högnivå alfa, gör detta projektionsbredden än mer effektiv, och skapar förutsättningen för att vi som tittar ska acceptera idén att han faktiskt är en gud, åtminstone inom den begränsade fantasivärld som filmerna erbjuder.

Precis som med flödesriktningen upplever jag projektionsbredden som en sorts bakgrundsprojektion, något som kompletterar och i vissa fall kan förstärka andra projektioner. Men projektionsbredden kan även ha en stark inverkan på omgivningen utan användandet av andra projektioner. Den är många gånger det mest omedelbara för betraktaren, och kan användas som ett sätt att snabbt fånga publikens intresse.

Ett exempel är norrmannen Alexander Rybak som vann Eurovision år 2009. Han uppnådde en ordentlig projektionsbredd, och jag var bevisligen inte den enda som imponerades eftersom han vann med största möjliga marginal. Men han tycks ha haft svårt att upprätthålla den energinivån i längden, och det är en risk man tar med denna projektion; att publiken förväntar sig mer än vad som är realistiskt för personen att upprätthålla, vilket då skapar motsatt effekt än man avser när publiken så småningom blir besviken.

Men trots att den har sina risker är det många som tycks eftersträva att både utöva och uppleva en stor och stabil projektionsbredd. Detta eftersom känslan det kan skapa hos betraktaren är så fantastisk, ibland närmast euforisk. Man känner sig stärkt av att vara i närheten av någon som är skicklig på att hålla en stor och stabil projektionsbredd, och dessa personer blir ofta belönade i form av uppmärksamhet och uppskattning. Och för de skådespelare som är alfa och redan har mycket energi att arbeta med, finns möjligheten att använda den som ett sätt att sätta "utropstecken" framför sådant som publiken bör vara extra uppmärksam på. Som till exempel Schwarzenegger gör när han levererar sina "one-liners" som blir kultförklarade, typ "I'll be back". Genom att öka projektionsbredden något när han levererar dessa repliker gör han scenen väldigt effektiv.

Den kan också användas av poliser som tillfälligt behöver "blåsa upp sig" inför de individer de måste utöva sin auktoritet mot, som exempelvis aggressiva ungdomar. Även lärare kan behöva göra sig "större" ibland för att behålla sin ledarställning, även om den alltid bör användas sparsamt. Om man vänjer personerna i sin omgivning med att förvänta sig den högre energinivån så tycks effekten minska något.

Maktprojektion

En annan projektion jag noterat är det jag valt att kalla *maktprojektion*. Denna projektion ska inte blandas ihop med det man skulle kunna kalla verklig makt, alltså individer med mycket pengar, eller som skaffat sig möjlighet att påverka andra genom politiskt inflytande, våld eller med andra medel. Dessa individer kan mycket väl ha oerhört mycket makt över människor, utan att för den skull kunna projicera makt eller behöva göra det.

Men en maktprojektion kan vara effektiv att använda som en härskarteknik, och underlätta för den som strävar efter att skaffa sig makt över andra, vare sig syftet är gott eller inte. Maktprojektionen är väldigt manipulativ, och kan ge en skicklig utövare stort inflytande över andra människor. Det verkar dock som att den är ganska svår att utföra korrekt, och jag skulle inte rekommendera att den görs lättvindigt.

Maktprojektionen förnimmer jag som en mental bild av att höja sig över motparten och samtidigt lägga en "tyngd" över dem för att hålla dem nere. Den behöver absolut inte göras med ett aggressivt sinnelag, även om vissa aggressiva människor gärna tycks använda den. Men den är generellt mest effektiv om man är neutralt inställd till personen man vill utöva den på, eftersom aggression bränner väldigt mycket energi i sig och då dräneras utövarens resurser i onödan. Den bör dock används tillsammans med framför allt en stabiliseringsprojektion. Men en maktprojektion bör inte utföras under längre tid utan bara tillfälligt för att etablera en maktbalans till ens egen fördel. Den bör alltid anpassas till situationen, varför jag definierat den som en situationsbaserad projektion.

Men man måste göra något annat också i anslutning till projektionen. Att bara stå och känna sig full av makt slutar aldrig väl, makt är per definition en färskvara; ett sätt att få andra att göra det man önskar, eller att förändra ett händelseförlopp till sin fördel (men inte nödvändigtvis till andras nackdel), men inget man kan ha som en påse nötter i

134

fickan. Man måste använda den omedelbart, annars ebbar den ut och försvinner. Makt måste hela tiden återskapas.

För det mesta används maktprojektioner för att etablera en upplevelse av att "jag är starkare än du", vilket kanske skulle associeras till något negativt. Men det är inte alltid maktprojektioner är av ondo. Det finns situationer när den är klart bättre än alternativen, till exempel för att lösa ledarskapsfrågor på ett sätt som inte behöver bli våldsamt. Ta som exempel en professionell affärsuppgörelse mellan två företag som ska gå samman och där de styrande ska bestämma vem som ska ta över det centrala ledarskapet. Visst skulle man kunna göra upp med knytnävar som på förhistorisk tid, men det blir nog lite knepigt i kostym och slips, eller högklackat om det nu råkar finnas en kvinna i gruppen.

Men den som har förmågan att utöva en skicklig och stabil maktprojektion, tillsammans med en del andra projektioner, kommer troligen vinna slaget, utan en enda blodsdroppe. En alfa har visserligen ett visst övertag om motparten är beta, men det handlar inte bara om att ha mycket energier, det handlar minst lika mycket om vad man gör med det man har, och vilka övriga projektioner man väljer. Man måste naturligtvis även ha rätt kontakter, kunskap i området man jobbar med, och erfarenhet som gör en någorlunda lämplig; projektioner kan aldrig helt ersätta kunskap, erfarenhet, monetära resurser eller ett socialt nätverk när det gäller större händelser. Men det kan tippa över maktbalansen till den skicklige utövaren.

Det finns även andra yrken där det kan vara viktigt att kunna utföra en stabil maktprojektion. Om vi tar exemplet med polisen som är omringad av ett gäng uppretade ungdomar, och måste hantera deras aggression så effektivt som möjligt för att undvika onödigt våld. Då kan maktprojektionen vara praktisk att kunna utöva. Ungdomarna kommer utan tvekan försöka sig på att utöva maktprojektion själva, eftersom människor som känner sig utsatta gärna gör vad de kan för att känna sig starkare, vilket en maktprojektion kan åstadkomma. Men jag tvivlar på att ungdomar någonsin kommer kunna utföra den särskilt effektivt eller stabilt. Som polis bör man vara skickligare på att utföra denna projektion, för att kunna lägga sig över deras energier, och på så sätt ta kontrollen över situationen.

Men en maktprojektion är alltid ett vågspel. Den kan vara effektiv om man vill få någon att acceptera sitt underläge och därmed förändra sitt beteende åt det håll utövaren önskar. Men det kan lika gärna slå tillbaka och försätta utövaren i en väldigt obehaglig sits. En maktprojektion som utförs klumpigt, eller i fel situation, kan skapa upplevelsen av att utövaren är manipulativ, arrogant och högfärdig, personlighetsdrag som sällan uppskattas av omgivningen.

Om den utförs i ett parförhållande kan det orsaka stor skada, eftersom den i praktiken skapar en obalans i maktförhållandet. Denna obalans må vara naturlig på en arbetsplats där hierarkier ofta är nödvändiga, men i ett intimt förhållande bör energierna vara så balanserade som möjligt för att det ska fungera, annars kan det bli väldigt energimässigt dränerande för båda parter.

Den tyck också används ibland av chefer specifikt mot kvinnliga anställda som då upplever sig nedtryckta. Detta kan ofta ske omedvetet, om chefen exempelvis har en olöst psykologisk konflikt gentemot kvinnor. Men jag är övertygad om att det är denna energifunktion som gett upphov till idén om glastaket, som kvinnor ofta beskriver som negativt i arbetslivet. Detta är förstås inget som bidrar till en fungerande arbetsgrupp och ska helst inte förekomma.

Ledarprojektion

Den projektion jag valt att kalla *ledarprojektion* är också en ganska manipulativ projektion, men inte lika påtvingande som maktprojektionen. Ledarprojektionen handlar om att få en grupp individer att följa en ledare, vilket kanske låter enkelt, men med vår arts extremt komplexa sociala spelregler är ledarskap kanske det svåraste man kan ge sig på idag.

Ledarskap handlar givetvis inte bara om energi, utan också om hur man beter sig, vad man säger och hur man säger det. Det handlar om hur mycket kunskap man har, både inom det område man vill jobba med, och kring de psykologiska och sociologiska mekanismer som styr oss människor. Detta är ofta den stora stötestenen och dilemmat med ledarskap; det är mycket man måste kunna, och mycket som kan gå fel.

Det mönster av energiprojektioner som krävs för ett gott ledarskap är också många, och varierar från situation till situation. Och som utövare måste man prioritera så gott man kan, beroende på hur mycket energi man själv har och vad som är viktigt i varje situation.

Personer med exempelvis alfaenergier kommer ha mer energi att ta av och orkar lite mer, men ledarskap handlar minst lika mycket om vad man gör med det man har. Det jag definierat som ledarprojektion är en viktig del i de projektionsmönster som ledare bör kunna, det är dock inte något som bör utföras hela tiden, varför jag har definierat det som en situationsbaserad projektion. Som alltid är stabilisering en av de viktigaste projektionerna; ingen vill följa en instabil ledare.

Men principen med ledarprojektion, som jag förnimmer det, är att personen som önskar generera denna projektion visualiserar en bild av sig själv och lägger den framför sin fysiska kropp, alltså ungefär som en energiskugga fast framåt. Det gäller dock att inte lägga projektionen för långt framför sig, då blir mönstret för svagt när fotonerna far iväg åt olika håll. Men är den inte tillräckligt långt fram, är den svår att urskilja så det gäller att hitta rätt läge.

Ledarskap handlar ju delvis om att ligga steget före resten av flocken och att kunna visa att man gör det, att man faktiskt har en idé om vart flocken tillsammans borde förflytta sig. Det är detta som jag gissar är anledningen till att ledarprojektionen har utvecklats på det sätt den har.

Vissa ledare utför automatiskt ledarprojektionen omedvetet, som ett resultat av att de har en tydlig bild av vem de är och vart de vill komma, och gärna förmedlar den riktningen de tycker är bäst till andra. Men det är inte nödvändigtvis det samma som att ha ett stort självförtroende eller en övertygelse om att man alltid har rätt. Sådana individer är ofta för självupptagna för att förmedla någon ledarprojektion alls.

Men en person som har mycket erfarenhet inom ett område kommer så småningom ackumulera en instinktiv förståelse och insikt för vissa processer, och kan utifrån detta skapa sig en tydlig bild av vilken riktning man tycker är bäst. Man kan därför klara en ledarprojektion även om man är osäker på sig själv och i många andra områden. Man

138

måste dock ha ett förtroende för sin förmåga att bedöma de professionella situationer man hamnar i.

För chefer gäller det att välja rätt projektion för rätt tillfälle, och göra det varsamt. Ledarprojektion ska inte utövas hela tiden, utövaren måste välja rätt tidpunkt. Till exempel på mötet när chefen ska leda en diskussion eller fatta ett beslut, då är ledarprojektion viktigt. På fikarasten efter mötet, när personal och chef samlas kring kaffeautomaten, då är ledarprojektion bara i vägen för avslappnade samtal, något som också är viktigt för att skapa en effektiv arbetsmiljö. Ledarprojektionen är dessutom kostsam, om än inte fullt så kostsam som maktprojektionen, men man bör använda den sparsamt för att minska risken för utbrändhet.

Som ledare för andra ledare bör man tänka på att inte utöva en ledarprojektion samtidigt som en av ens underordnade utför samma projektion. Ta exemplet med chefen för koncernen som ska delta på ett möte som ska ledas av en underställd chef. Om den högre chefen i fråga utövar en ledarprojektion mot den underställda chefen kommer dennes maktposition förminskas och personen får svårt att hävda sin egen chefsroll. Den underställda chefen måste ha sin chefs förtroende för att kunna leda effektivt, och den högre chefen bör signalera detta genom att inte ta för mycket utrymme, om inte situationen kräver det.

Ledarprojektionen är en ganska svår projektion att hitta och många som försöker blandar ihop den med andra typer av projektioner, som till exempel flödesriktningen. Vissa chefer verkar tror att ledarskap handlar om att höja eller sänka flödesriktningen, i tron att de anställda jobbar bättre om de ständigt är glada, eller rädda. En missbedömning som sällan slutar väl, främst för att de anställda då snarare kommer fokusera på en massa annat än jobbet.

Det finns också de ledare som tror att respekt och lydnad bäst uppnås genom maktprojektion. De kommer snart inse att det är en väldigt tung och krävande strategi, eftersom makt måste upprätthållas konstant, medan ett gott ledarskap kan förstärkas av flocken automatiskt och därmed inte kräver lika mycket energi. Därför är ledarprojektionen bättre då den inte behöver utövas så ofta men kan få långsiktiga effekter även när den inte utförs.

Energisköld

Projektionen jag valt att kalla *energisköld* skiljer sig från de övriga eftersom den inte är direkt avsedd att påverka omgivningen. Men den kan vara användbar, om man lyckas uppnå den, då den till viss del ger ett skydd mot de mer manipulerande projektionerna. Den är dock ingen mirakelkur och har inget med faktiska sköldar att göra. Energiskölden kan inte stoppa fysiska objekt.

Det jag menar med energisköld är att man fokuserar sina egna energier framför motpartens projektioner och därmed blockerar de fotonerna från att ha någon direkt psykologisk inverkan. Energiskölden är i praktiken en expanderad centrerad projektion, där man istället för att fokusera energin på motparten, breddar energierna så att de blockerar motpartens projektionsflöden.

Det kräver dock att man är medveten om motpartens projektioner, var de träffar och hur de fungerar, och att man inte själv använder några andra projektioner, eftersom energiskölden per definition blockerar alla andra flöden.

140

Men den kan ge utövaren en möjlighet att ta tillbaka kontrollen från någon som försöker använda till exempel en maktprojektion.

Den kan också användas för att blockera oönskade förförelsestrategier, och signalera till den uppmärksamme utövaren att man inte är intresserad. Är personen för självcentrerad, eller helt enkelt okänslig för energier, kan det dock gå obemärkt förbi och man får ta till en mer verbal taktik.

Men energiskölden är energikrävande och bör användas sparsamt och gärna med precision, alltså bara när motparten utövar den projektion man vill blockera. Försöker man hålla den för länge är risken att man tröttar ut sig, och om motparten är tillräckligt motiverad kanske de kan hålla ut med sina projektionsstrategier längre och då har man gjort sig själv mer sårbar än man kanske var från början.

Jag kommer diskutera begreppet energitjuvar mer i nästa kapitel, men energiskölden kan även vara effektiv för att reducera effekten av ett möte med en sådan individ. Men man bör även fundera över orsakerna till varför man upplever personen som en energitjuv och kanske vidta andra åtgärder. En energisköld är bara en kortsiktig lösning.

Målfokuserad projektion

Jag tycker mig också förnimma något jag döpt till *målfokuserad projektion*. Detta är inte samma sak som den psykologiska funktionen att vara målorienterad, även om de naturligtvis har en del gemensamt. En person vars psykologiska läggning gör att de gärna sätter upp mål som de sedan strävar mot för att uppnå, kommer ha större sannolikhet att även utföra en målfokuserad projektion. Men till skillnad från den psykologiska målorienteringen, medför projektionen vissa externa effekter på omgivningen.

Visualiseringsbilden är troligen densamma för båda; en tydlig bild av vad man vill uppnå som man lägger mycket fokus på. Men för att projicera krävs också att man "knäcker koden" för just projektioner som jag nämnt tidigare, vilket då medför att ens målbild blir mer tydlig för omgivningen, och kan påverka deras beteende.

Den målfokuserade projektionen påminner om ledarprojektion, men istället för att utgå från sig själv utgår man från ett specifikt mål man satt upp, något man vill uppnå eller skapa. För att denna projektion ska ha effekt måste man ha en tydlig visualisering av vad målet är, annars blir hjärnan lätt förvirrad. Men eftersom en målfokuserad projektion per definition kräver ett fokus mot något specifikt som till viss del exkluderar andra saker, kan den också upplevas som nonchalant för den betraktare som inte är medveten om syftet med fokuseringen.

Projektionen är, så vitt jag kan se, relativt känslobaserad vilket betyder att den är svår att skapa artificiellt. Om man inte är genuint intresserad av att uppnå målet, om det finns en tvekan eller osäkerhet i ens undermedvetna om huruvida man faktiskt vill uppnå målet, då kommer hjärnan inte lägga hundra procent fokus på det, och den målfokuserade projektionen kommer inte att uppstå. Det betyder förstås inte att man inte kan uppnå det man önskar ändå, det beror på vad målet är.

Jag känner mig dock tvungen att påpeka att den målfokuserade projektionen inte fungerar på mål som inte är direkt kopplade till personens egen förmåga, vilket innebär att det inte går att målfokusera sig till en vinst på lotto till exempel. Den innebär heller ingen garanti, även om förmågan finns där, då det ofta krävs många faktorer för att uppnå det man önskar.

Denna projektion är dock inte användbar i särskilt många fall, och kan snarare få en negativ effekt. Den används sällan av skådespelare till exempel, eftersom deras jobb för det mesta kräver att man fokuserar på flera olika saker samtidigt, och den målfokuserade projektionen krockar med andra projektioner.

Även säljare och andra liknande yrken bör vara försiktiga, eftersom den målfokuserade projektionen har en förmåga att exkludera andra individer, vilket kan försvåra deras arbete. Om exempelvis en säljare är väldigt fokuserad på att sälja, och i sin iver och ambition utför en målfokuserad projektion, kan en potentiell kund känna sig avsiktligt förbisedd, eftersom projektionen då ofta rör det abstrakta köpet, inte individen som eventuellt skulle vilja göra köpet. Detta minskar förstås sannolikheten att köpet genomförs.

För chefer har jag också svårt att se att den skulle var särskilt effektiv, om man inte har för avsikt att köra över sina anställda. Den går heller inte att förena med ledarprojektion, eftersom dessa projektioner då skulle krocka och bli omöjliga att differentiera. Men den yrkeskategori där jag främst iakttagit denna projektion, och sett dess positiva effekter, är elitidrottare.

Om man exempelvis drömmer om att bli en av världens bästa fotbollsspelare då kan denna projektion underlätta, och den hyfsat kände fotbollsspelaren vid namn Zlatan

Ibrahimović är ett utmärkt exempel. Det är svårt att som svensk inte notera hans till synes enastående förmåga att göra mål. För att lyckas med den bedriften måste man naturligtvis lägga ner oerhört mycket tid på att träna, särskilt i unga år så att hjärnan tidigt lagrar lämpliga kroppsrörelser i muskelminnet. Det krävs även en psykologisk aspekt, med mycket envishet och ambition. Men om man också hittar projektionsfunktionen kan energiaspekten göra att man tar sig de där extra stegen närmare drömmen.

Zlatan är en alfa med mycket energi att ta av, vilket gör honom extra lämpad för att nå sina mål, oavsett vad de är. Men han tycks också ha ”knäckt koden” för energiprojektion (även om han själv kanske inte är medveten om det), och använder periodvis den målfokuserade projektionen med stor framgång. Effekten av denna projektion kan ha många uttryck. Dels kan den göra så att andra accepterar att han kommer göra mål och därmed, ofta omedvetet, inte anstränger sig lika mycket för att stoppa honom.

Den kan också förmedla hans målbild till andra och på så sätt attrahera de bästa tränarna, bästa lagen osv., som sedan ger honom möjlighet att utveckla sin teknik och därmed öka chanserna att bli bäst. En spelare som inte kan dra till sig samma uppmärksamhet och resurser kan ha liknande potential men ändå inte lyckas lika bra. På elitnivå tycks omgivningens villighet att satsa på personen minst lika viktig som talang, och den målfokuserade projektionen tycks vara effektiv på att just dra till sig rätt personer eftersom den ger sken av att personen är en vinnare redan innan man vunnit.

Ett annat exempel är löparen och världsmästaren Usain Bolt, som jag upplevde använde den målfokuserad projektion väldigt effektivt under sin imponerande löparkarriär.

144

Men han tycktes också få till en imponerande projektions-
bredd precis innan start, vilket drog igång publiken och
fick de flesta att fokusera sin energi mot just honom.

Jag funderade en hel del på varför, det är ju en ganska
kostsam projektion och borde inte vara något en elitidrot-
tare lägger energi på precis sekunderna innan ett viktigt
lopp. Men det verkade inte som det dränerade hans ener-
gier, tvärtom tycktes de öka något i och med publikens re-
aktioner. Kanske är det så att han på något sätt hittat en
mental funktion som tillåter honom att använda publikens
energi i sin fysiska ansträngning. Jag är osäker på hur det
teoretiskt kan fungera, men det är klarlagt att solens foto-
ner kan generera energi i våra celler och göra att vi känner
oss piggare, så kanske kan de fotoner som genereras av
stora folkmassor också påverka vår energiproduktion, men
det är bara en gissning från min sida.

Men det verkar inte som denna funktion, om den alls
existerar, är särskilt vanlig. De flesta elitidrottare jag iaktta-
git tycks mer fokuserade på att tänka bort publiken och
koncentrera sig på sin uppgift, vilket nog är klokt ur ett
psykologiskt perspektiv. Teoretiskt skulle det dock vara
möjligt för någon som hittat ett effektivt sätt att använda
publikens energi till sin fördel, att faktiskt kunna vinna i
både hastighet och styrka, även om denna gissning är svår
att bevisa. Det är förstås väldigt små marginaler och inget
som är av betydelse för den normala motionären, men för
elitidrottare där vinsten kan avgöras av hundradelar, kan
det kanske vara en intressant aspekt att titta närmare på.

Jag tror dock inte denna funktion kan fungera effektivt
utan den målfokuserade projektionen. Publiken måste
uppleva personen eller laget som en vinnare, redan innan
loppet eller matchen har avslutats, för att effekten ska vara

relevant. Vi människor är ju betydligt mer benägna att lägga vår energi på vinnare än förlorare.

Objektförstärkning

Sist men inte minst kommer jag gå igenom något jag valt att kalla *objektförstärkning*. Detta har jag definierat som energi man fokuserar på ett föremål, sin kropp eller delar av kroppen, vilket resulterar i att betraktaren upplever föremålet eller rörelsen som extra viktig. Denna projektion används främst av de som i huvudsak använder sina kroppars fysiska rörelse i syfte att förmedla framför allt känslor, såsom dansare, modeller, eller de skådespelare och komiker som är väldigt fysiska i sitt agerande, som exempelvis actionskådespelare.

Jag började fundera över detta fenomen efter att ha läst Chekhov och hans teorier kring atmosfären. Han verkade utgå ifrån att luften och även livlösa objekt, som väggar och stolar, kunde laddas med en form av energi han aldrig definierade. Men jag kan inte se hur ett objekt, eller luft, kan skapa energier som triggar känslor. En trästol producerar visserligen fotoner, men i så liten utsträckning att det är helt oväsentligt. Jag skulle säga att det snarare är den betydelse vår hjärna tillskriver objektet, eller rörelsen, som skapar energin. Men detta gör inte denna funktion mindre väsentlig, snarare tvärtom.

I många fall kan förmågan att förstärka antingen ett objekt eller en rörelse, vara avgörande för att kunna förmedla det man önskar. Ett tydligt exempel på detta är skådespelaren Chris Hemsworth, som i sin roll som guden Thor måste ge den magiska hammaren en förstärkt betydelse för

146

betraktaren, detta för att den ska bli en del av karaktären istället för bara en rekvisita. Hammaren Hemsworth svingar har ingen betydelse i sig, utan det är den energi som hans kropp genererar när han fokuserar på hammaren, som ger betraktaren upplevelsen av dess betydelse.

Den svenska skådespelerskan Alicia Vikander är ett annat exempel. För Vikander är hennes objektförstärkning av sin egen kropp, i min mening en stor del i framgången med filmen *Ex Machina*. I filmen spelar hon en artificiell intelligens, som under stor del av filmen har en robotkropp. Hon bär egentligen en grön eller blå dräkt som sedan ersätts i postproduktionen med dataanimerad robotkropp. Men för att vi som tittare ska uppleva att det är en hel, komplett varelse man ser, måste hon förmedla energi längs hela kroppen. Energin uppfattas sedan av kameran, även om kroppsdelarna som sådana är animerade.

För att uppmärksamma tittaren på att hennes karaktärs begynnande kroppsuppfattning är viktig, måste hon inte bara projicera energi i största allmänhet, utan förstärka sina kroppsdelar med en särskild fokusering på varje rörelse. Detta är något som skickliga dansare gör automatiskt efter mycket övning. Att ständigt träna hjärnans kopplingar mellan fysisk rörelse och en förmedlad känsla, gör att kroppens rörelse blir extra viktig för hjärnan och det resulterar i en förstärkt projektion. Men det gäller att också hitta rätt känsla eller upplevelse i rätt sammanhang när man utför sin objektförstärkning, man kan inte bara fokusera energi i största allmänhet.

Den kanske mest komplicerade mekanismen i denna projektion är att låta energin röra sig fritt i en stadig ström, snarare än forcerad och sporadisk. Om energin inte upplevs som ett stabilt flöde kommer inte betraktaren att uppleva den lika starkt och effekten upphör.

Jag upplever också att objektförstärkningen ofta används av de som av olika psykologiska eller professionella skäl är extra motiverade att synas. Genom att förstärka energin längs den egna kroppen kommer betraktaren omedvetet att fokusera mer på personen. Lägger man dessutom till en projektionsbredd så kan man, åtminstone för en stund, lysa som en stjärna.

Men det kostar, och effekten har en tendens att ebba ut ganska snabbt, så det gäller att också leverera något, såsom underhållning av något slag. För de vars publika exponering är förhållandevis kort, exempelvis dansare, fotomodeller, de som går på catwalken på en modevisning, eller deltar i en skönhetstävling, kan denna projektion förstärka upplevelsen för betraktaren och öka chanserna till framgång för den skicklige utövaren.

Att vara medveten om objektförstärkningen som mekanism kan även vara viktig för till exempel poliser som behöver hitta något viktigt föremål hos en misstänkt förövare. En person som gömmer något den inte vill att någon ska hitta, kan omedvetet komma att fokusera energi mot föremålet, vilket den uppmärksamme kan använda för att hitta föremålet. Denna energi går givetvis att dölja, så fenomenet har sina begränsningar.

Det finns även en del negativa effekter om den utförs fel eller vid fel tidpunkt. Om man till exempel har en kroppsdel man av någon anledning är missnöjd med kan man råka fokusera energi där, vilket gör att omgivningen noterar just den kroppsdelen. Detta kan då i sig skapa ännu

148

mer osäkerhet vilket förstärker den psykologiska fixeringen.

Det kan också bli fel om man förstärker föremål som egentligen inte är viktiga, eller som man kanske önskar dölja, exempelvis en säljare som vet att en del av produkten fungerar mindre bra och vill försöka dölja det men endast förstärker det man vill dölja. Det är inte alla som skulle märka en objektförstärkning, men oftast har man någon form av reaktion, även om den är omedveten.

Att medvetandegöra både sina egna projektioner och andras kan underlätta mycket, både för en mer renodlad kommunikation och en bättre förståelse för andra människor och deras reaktioner.

Kapitel 12
Risker

En av de vanligaste frågorna jag får rör begreppet energitjuvar. Det tycks finnas väldig många sådana, eftersom de flesta jag pratat med verkar ha träffat någon. Jag har funderat en del över vad det kan vara folk menar när de säger energitjuv. Alla verkar rörande eniga om vad en sådan person gör och hur det känns; som en sorts dränering av energi som sker i mötet med personen, vilket resulterar i en känsla av missmod och trötthet.

Men den ATP som dina celler skapar kan inte stjälas av någon annan, den kan bara användas av dina egna celler. Och att använda sig av de fotoner som redan lämnat en annan persons kropp påverkar inte personen de lämnat. Att aktivt fokusera energi mot någon annan, som till exempel en healingbehandling, kan förstås vara kostsamt energimässigt och orsaka trötthet, men det kräver aktivt deltagande och inget man kan tvinga sig till. Däremot finns det förstås psykologiska faktorer att ta hänsyn till.

En person som till exempel har ett instabilt eller "orent" projektionsflöde, eller använder sig av psykologiska manipulationsknep och härskartekniker för att få någon att uppleva negativa känslor och förstärker dessa genom tydliga projektioner, kan komma att orsaka en negativ psykologisk reaktion hos den som utsätts för det. Hjärnan måste processa denna reaktion och hantera konsekvenserna, vilket kräver extra energi som annars kunnat användas till något mer positivt och produktivt. Så risken med att möta en så kallad energitjuv skulle jag säga ligger främst i vår egen psykologiska sårbarhet.

De flesta av oss vill vara till lags, vill bemöta och bli bemött med respekt och vill göra vårt bästa. Detta gör oss sårbara för de som inte bryr sig om sådant, för de som enbart vill antingen utöva makt över andra för sitt höga nöjes skull, eller helt enkelt är för självcentrerade för att bry sig om vem de sårar. Det finns också personer som mår så dåligt själva av olika skäl, att de omedvetet skapar ett obehag omkring sig som en konsekvens av sina instabila projektionsflöden och negativa beteenden.

Men ordet tjuv blir missvisande då de inte själva får någon energi på grund av detta, även om det kan kännas som att ens egen energi minskar. Den sadistiske personligheten kanske upplever en viss njutning av någon annans lidande, vilket kan skapa en viss ökning av energi hos dem. Men en person som mår dåligt får inga energier bara för att deras egen mentala obalans får andras energier att minska, det blir snarare en dubbel effekt där båda får mindre energi.

Men det faktum att dessa "tjuvar" har fått en nästan mytisk plats i vårt samhälle är ett exempel på hur högt vi värderar begreppet energi idag. Energi har nästan blivit ett magiskt ord i vårt moderna samhälle, och vi strävar hela tiden efter att ha så mycket som möjligt av det. Och idén att någon kan komma och stjäla denna viktiga energi verkar inge stor fruktan hos många.

Och det kanske inte är så konstigt; den som har mycket energi har också till synes mer makt och möjlighet att påverka. Vi höjer ständigt tempot på jobbet, med familjen, med vänner och den tid vi borde avsätta för vila blir allt mindre, allt för att visa alla andra hur mycket energi vi minsann har.

Det är så mycket vi vill åstadkomma, så mycket vi måste hinna med, innan våra alltför korta liv tar slut. Och alla andra omkring oss tycks ju så oerhört mycket mer effektiva, mer produktiva och mer kreativa än vi själva, så vi måste ligga i för att hinna med, eller hur? Och för att lyckas med allt detta måste vi ha energi. Men energi kan vara många olika fenomen, orsakas av många olika variabler och diskussionerna kring begreppet blir lätt både förvirrande och röriga, och jag upplever att samtalet om riskerna ofta blir lidande.

Precis som en bil som har en begränsad bensintank, har vi en begränsad möjlighet att producera energi, och våra kroppar måste alltid prioritera vad den ska göra med den begränsade energi den kan producera. Som vi sett kan man, med exempelvis hjälp av mental visualisering, få hjärnan och kroppen att prioritera de mest fantastiska saker. Som den där fridykaren som får sin kropp att lägga all energi på att hålla andan så länge att han eller hon hinner simma mer än hundra meter ner i djupet på bara ett enda andetag, bara för att visa att det går. Eller elitidrottaren som lägger all energi de har, och ibland lite till, på att springa fortast i världen, hoppa högst eller lyfta tyngst. Och visst är det otroligt vad människor kan åstadkomma, med fokus och samarbete. Men ibland kan det också gå väldigt fel, med förödande konsekvenser.

Som med allt annat som mänskligheten upplever som värdefullt, finns alltid risken för missbruk och misstag. Att ha mycket energi är idag minst lika önskvärt som skönhet och rikedomar, och på samma sätt som kampen att hitta den "perfekta" kroppen, eller den bästa "dealen", kan få människor att ta oerhörda risker och pressa sin kropp bortom bristningsgränsen, kan det upplevda behovet av mer energi skapa enorm stress och leda till felaktiga och rent farliga val. Ett plågsamt tydligt exempel är Russell Crowe.

När Crowe gör sin debut på den internationella scenen på allvar med rollen som Maximus i filmen *Gladiator*, står han på toppen av sin prestationsförmåga. Rollen krävde extremt mycket av honom, med många fysiskt tunga actionscener och ständigt skyhöga krav på energiprojektion. Han var tvungen att leverera den mäktiga karaktär som regissören förväntar sig, och som filmen behöver för att fungera. Och han gör det med bravur; varje scen fyller han med alltifrån en skicklig stabiliseringsprojektion, stark ledarprojektion, enorm projektionsbredd, och ett imponerande stabilt och kraftfullt projektionsflöde. Allt fungerar perfekt, alla hans bästa egenskaper som skådespelare får fritt spelrum, och filmen blir en enorm succé. Crowe vinner en Oscar, producenterna tjänar en massa pengar, och publiken ropar efter mer.

Direkt efter *Gladiator* går Crowe vidare till ännu en imponerande rollprestation. Men om rollen som Maximus var energikrävande på ett synbart och väldig fysiskt sätt, är rollen som den schizofrene John Nash i filmen *A Beautiful Mind* mer försåtlig i sina minst lika höga krav på komplexa energiprojektioner, utöver komplexa skådespelartekniker. Här måste han bland annat hålla ett instabilt projektionsflöde genom hela filmen, för att ge tittaren uppfattningen att det är en instabil karaktär. Detta måste han göra samtidigt som han behåller en stark stabiliseringsprojektion, annars skulle tittaren tappa förtroendet för hans rolltolkning.

Detta kanske låter enkelt, men i realiteten är det oerhört svårt och enormt energikrävande. Men det räcker inte med det, han måste också hålla en stabil och kraftfull projektionsbredd, för att hålla publikens intresse, för att inte tala om de komplicerade karaktärsskapande processerna. Och här blir riskerna med att vara alfa extra tydliga. Crowe är helt enkelt van att orka mycket och att använda sig av sin kropp och sin hjärna till mycket, och hans ambition driver honom ständigt framåt.

Oavsett vilket yrke man har är det många som får en adrenalinkick av att stå i centrum, att vara viktig för ett sammanhang, att samarbeta i en stor produktion, vare sig det är en filminspelning eller en affärsuppgörelse eller dylikt, och det kan vara i det närmaste beroendeframkallande. Och för en person som inte helt förstår sin kropps begränsningar och hur själva energiprocessen fungerar, kan det tyckas som att man av dessa positiva upplevelser skapar lika mycket energi som man gör av med. Tyvärr kan detta i vissa fall vara en farlig illusion.

Vår kropps stressystem är gjort för att vi dels ska känna *negativ stress* (framför allt hormonet kortisol) när lejonet står framför oss, så att vi blir tillräckligt motiverade att fly och dessutom har den nödvändiga, fysiska kapaciteten att spring därifrån, och dels *positiv stress* (i huvudsak adrenalin), när flocken till exempel behöver samarbeta kring något viktigt, så att alla blir motiverade att stanna och hjälpa till. Det ena är glädje, det andra rädsla, och båda är i längden lika förödande. Kroppens stressystem innebär att vår hjärna tillåts omdirigera viktig energi till det som är nödvändigt, till exempel att springa ifrån ett lejon. Denna funktion upplever vi som ett energipåslag, som även om det är ett resultat av kortisol, ibland kan upplevas som något positivt, vilket alla skräckfilmer kan sägas vara ett bevis på.

Men det system som evolutionen byggde upp under miljoner år är inte konstruerat för att upprätthålla dessa höga, och i praktiken artificiella, energipåslag permanent. Lejonet på savannen är inte ett hot under flera år; antingen så lyckas du fly eller så blir du uppäten. Och inget samarbete våra förfäder behövde ägna sig åt krävde en stressnivå så hög under så lång tid som dagens arbetsliv förväntar sig av oss, även om vi mot förmodan skulle älska jobbet i sig. Våra förfäder återgick alltid till ett mer normalt tillstånd efter varje akut situation.

När Crowe gör *A Beautiful mind* är han fortfarande full av energi, och troligen tar han för givet att hans kropp alltid kommer orka allt han vill att den ska göra. Så efter den filmen ger han sig ut på de sju haven i *Master and Commander*, tar på sig boxningshandskarna i *Cinderella Man*, och går och gifter sig och skaffar barn vid sidan om. Och jag tvivlar på att han någonsin stannade upp och oroade sig för om hans kropp skulle sluta orka. Han oroade sig säkert för att han inte skulle få några bra roller, det verkar alla skådespelare göra oavsett hur bra de är. Jag tvivlar dock på att han ägnade sin egen energi en tanke.

156

Efter *Cinderella Man* däremot verkar han tappa fart, får allt mindre och mer meningslösa roller, och jag vet inte om han själv förstår varför hans karriär plötsligt tog en sådan djupdykning, men han uppvisar snart de omisskännliga tecknen på utbrändhet. Han hade överhettat sina cellers komplicerade energiskapande system till sådan grad att det helt enkelt kollapsade. Hans energiprojektioner blev allt svagare i takt med att hans energisystem inte längre kunde upprätthålla den höga produktionstakt han behövde och förväntade sig, och till slut blir han nästan osynlig på vita duken och karriären ebbar ut.

Som tur var verkar han ha blivit lite starkare de senaste åren, men problemet med en dylik kollaps är att man sällan riktigt når upp till samma nivå igen som man en gång hade; precis som en vas som går sönder aldrig blir lika stadig som den en gång var, även om man kan limma ihop den.

Och den energitörstande publiken straffar honom genom minskade biointäkter, för visst vill man hellre se en kraftfull rollprestation, än en osynlig sådan. Att han fortfarande är en av världens bästa karaktärskapande skådespelare spelar mindre roll. Det är höga energinivåer som är mest lönsamt på bio, precis som i hela samhället. Det tycks nästan som vi törstar efter den där mäktiga upplevelsen av kraft och energi som om det vore en drog. Vi kan bli så till den milda grad påverkade av denna effekt, att om du lyckas med konststycket att leverera den energi folket suktar efter kan du, likt Adolf Hitler, styra världen. Åtminstone till den dag då dina celler inte längre orkar, och du straffas hårt av både din omgivning och din egen kropp.

Skådespelaren Heath Ledgers öde fungerar också som ett varnande exempel på de extrema konsekvenser en okunskap kring begreppet energi faktiskt kan leda till. Ledger blev Oscarsnominerad redan 2006 för sin roll i *Brokeback Mountain*, men det är hans rolltolkning av den psykotiska Jokern i Batman-filmen *The Dark Knight* från 2008, som gjorde honom legendarisk. Jag kan utan tvekan säga att hans tolkning av Jokern är en av de mest spektakulära uppvisningarna i energiprojektion jag någonsin sett. Med enorm precision, som till och med överstiger Simon Bakers, och en kraft av sällan skådat slag, levererar han en prestation som äntligen gav honom det officiella erkännande han så länge tycktes ha strävat efter. Tyvärr kom den till ett alldeles för högt pris.

När hans hjärna, medvetet eller omedvetet, valde det mycket unika projektionsmönster som blev karaktären Jokerns signum, gjorde den det på bekostnad av andra funktioner, och han tvingades till en livsfarlig omdirigering av energi. Hans hjärna blev tvungen att ta energi från andra system, såsom avslappning, sömn, processande av omgivningen etc. Hade det varit en kortfilm som var avklarad på några dagar, hade det inte varit några problem. Hans kropp hade hunnit återhämta sig ganska snabbt. Men för den här filmen skulle jag gissa att Ledger behöll samma omdirigering i månader.

När man lever med sådan extrem stress under så lång tid börjar cellerna i kroppen att ta skada. Efter ett tag börjar musklerna värka, eftersom de aldrig får den nödvändiga avslappning de behöver för att muskelcellerna ska kunna reparera sig. Efter ett tag har han inte ens reserver kvar för att aktivera det system i hjärnan som gör att vi kan sova, och ja, det behövs energi för att kunna sova, hur konstigt det än må låta. Och utan sömn kommer koncentrationssvårigheter och problem att fatta bra beslut.

Tröttheten och smärtan får honom så småningom att gå till läkaren som skriver ut piller som dövar smärtan, ångesten och hjälper honom sova. Problemet är bara att han fortsätter att jobba lika hårt som förut, stressen är den samma för att hans egen ambition driver honom, för att hans omgivning förväntar sig det av honom, och troligen också för att han till slut inte längre är medveten om att hans kropp skriker åt honom att sluta; smärtan och ångesten blir ett naturligt tillstånd.

När filmen väl är avklarad fortsätter han jobba i samma takt. Han påbörjar ännu en filminspelning, men till slut en kväll tar det slut. Vi kommer aldrig få veta exakt vad som hände den där kvällen, men jag gissar att hans hjärna inte längre kunde hålla reda på om han verkligen tog det där smärtstillande pillret eller inte, det som han blivit så beroende av då smärtan vid det här laget måste ha varit enorm. Han är för trött och förvirrad för att komma ihåg om han tagit en eller två sömntabletter, så han tar några till för säkerhetsskull; han behöver ju sova. Och så somnar han, och vaknar inte mer.

Han får aldrig se sin dotter växa upp, får inte se den film han slet så hårt för att göra unik, får aldrig avsluta den film han påbörjat, får aldrig uppleva frukterna av sitt hårda arbete. Bara för att han inte förstod, för att läkare inte lyckats förmedla, att man måste respektera kroppens begränsningar. Annars vaknar man kanske aldrig igen.

Det är ett tragiskt öde som berörde alla som engagerar sig i filmvärlden. Han hade precis börjat upptäcka sin fulla kapacitet, men tycktes ha glömt sina begränsningar. Och han är inte ensam; varje år blir en massa stressade moderna människor både sjuka och ibland dör, i jakten på någon form av idealiserad bild av vad de tror de borde vara kapabla till. Att använda olika kemiska preparat för att överkomma det man upplever som oönskade svagheter, är i min mening alldeles för vanligt. Naturligtvis finns det situationer när mediciner är nödvändiga. Men de löser aldrig ett grundläggande energiunderskott.

Att använda sig av tabletter, både olagliga och lagliga, eller alkohol för att döva effekterna av att pressa sig bortom all rimlighet, kan få långtgående negativa konsekvenser. Och det är minst lika farligt att lura sig själv och sin kropp att tro att man har mer energi än man egentligen har, något som tyvärr droger som till exempel amfetamin och kokain är perfekt konstruerade för att göra. Men att ta droger är lite som att tanka diesel i en vanlig bil; du kan visserligen köra ett tag, men motorn är inte gjord för det bränslet och till slut skär sig maskineriet och bilen stannar, ofta med stora skador som följd. Men även den där koppen kaffe på morgonen är konstruerad för att skapa illusionen av energi, för att man ska komma upp och orka jobba i den takt som samhället har bestämt att vi ska göra, snarare än vad som är lämpligt för våra kroppar.

Jag avrundar den här boken med att prata om just riskerna med att inte respektera energins begränsningar, för att jag upplever att man inte alltid tar det på allvar. Det görs inte alltid en koppling mellan all den energi vi önskar vi hade, och de konsekvenser som ett nonchalant hanterande av det faktiskt kan få. Energi tillåter oss göra så mycket, bygga så mycket, skapa så mycket, producera så mycket, att vi gärna tar det för givet. Men det är inte en universell rättighet att ha tillgång till oändligt mycket energi.

Precis som vi borde ha mer respekt för den energi vi tar av naturen för att skapa elektriciteten vi är så beroende av, de fossila bränslen som driver de bilar, bussar och flyg vi inte upplever oss kunna leva utan, och den kärnkraft vi är mer beroende av än vi vill erkänna, borde vi ha mer respekt för den energi vi skapar i våra egna celler. Den energi som är grunden till att vi faktiskt kan vara levande, tänkande och kännande varelser på denna jord, där så mycket fantastiskt är möjligt tack vare den lilla, lilla fotonen.

Källhänvisning

[i] Deitch Rohrer, Trish. 1999. GQ, nr 3

[ii] Travers, Peter. 1992. Buffy the Vampire Slayer, Rolling Stone. 31 juli, http://www.rollingstone.com/movies/reviews/buffy-the-vampire-slayer-19920731 (hämtad 2017-10-26)

[iii] Bianco, Robert. 2001, Prime-time legal eagles, USA TODAY, 09/25/2001. http://usatoday30.usatoday.com/life/television/2001-09-25-philly-and-guardian.htm (hämtad 2017-10-26)

[iv] Ohuchi, Noriaki et al, 2004, "Biophoton detection as a novel technique for cancer imaging", DOI: 10.1111/j.1349-7006.2004.tb03325.x · Source: PubMed (hämtad 2017-10-26)

[v] *Dotta, B.T.; et al., April 2012,* "Increased photon emission from the head while imagining light in the dark is correlated with changes in electroencephalographic power: support for Bokkon's biophoton hypothesis". DOI:10.1016/j.neulet.2012.02.021 (hämtad 2017-10-26)

[vi] *Thaler, L; Arnot, S.R.; Goodale, M.A (2011).* "Neural correlates of natural human echolocation in early and late blind echolocation experts".

[vii] Phillip Post, Sean Muncie & Duncan Simpson, 2012, "The Effects of Imagery Training on Swimming Performance: An Applied Investigation"